「今すぐ」幸せになれる手相占い

美人占花
BIJIN SENKA

今話題の人気No.1ライバー占い師
RIKA EBINA
蝦名里香

説話社

PROLOGUE

■ はじめに

みなさんこんにちは！　蝦名里香です！
この本を手に取ってくださってありがとうございます！
突然ですが、今あなたはこのような悩みを抱えていませんか？

「幸せになりたい」

「愛されたい」

「いつも恋愛がダメになる」

「自分らしく生きたい」

「将来の不安を取り去りたい」

「とにかく運気を上げたい」

「美人占花」は、そんな**あなたの願いを叶える「幸運の本」**です！
　恋愛、結婚、仕事、人間関係…悩んだ時にどうしたら良いのか？正解が分からなくて不安になるもの。人生は決断の連続。日々何を決断するかで人生が左右されます。気づかないうちに、間違った選択をしているかも!?　しかし逆に言えば、たった一つのアクションで幸せになる事ができるのです。

幸せを引き寄せる、魔法の法則

　そんな私も昔は、何をしていても幸せを感じられなくて、ずっと心に穴が空いてる状態でした。その中で出会ったのが「占い」。「本来の自分」を知るうちに様々な事に気づき、好きな事をして、自分

を大切にしながら、この本でお伝えする法則を使うようになりました。気づけば、**どんどん心が楽になり、自分らしさを見つけて、生き生きする人生になったのです。**

　そして、ライブ配信を初めて大切な視聴者の皆さんと出会えた事も私の幸せの一つです。

　やりがいのない人生を送っていた私ですが、夢中になれる事、心からワクワクする事を見つけ、**特別な事がなくても、心の奥からじんわりと幸せを感じられるようになりました。**

　私以外にもたくさんの方から「美人占花」で幸運が訪れたと嬉しいお声をいただいています
「諦めていたはずの結婚ができました！」
「忘れられなかった恋人と復縁できました！」
「チャレンジしたい仕事に挑戦する事ができました！」
「価値観が変わって、毎日が楽しくなりました！」
「気になる事があってもまぁいいかと受け流せるようになりました！」

「私もそうなりたい」と少しでも思っていただけたなら、本書はあなたの人生を幸せに導くお手伝いができるはずです♡

今すぐ幸せになって未来も思い通りに！
「美人占花」で幸せになるシンプルな方法
「占い」で今の自分を知り「法則」を知って少しだけ行動に移す。やるべき事は、たったこれだけ♡

「占い美人」の知識で、最高の幸せを創っていきましょう！

CONTENTS

Part 1
圧倒的に願いを叶える人になれる！33の法則

正しく生きなくて良い
楽しく生きよう!!

7

Part 2
風水で運気アップ！幸せを呼び込むライフスタイル

新習慣で毎日にトキメキを♡
占い美人が実践する
とっておきの開運術!!

27

今すぐ分かる手相の見方
「新しい私」を見つける8の事

運命を変える第一歩は
自分を知る事

39

最新【恋愛・結婚】悩み別!
相談事例をSNSリサーチ!!

この一冊で恋愛の悩みが一瞬で解決!
恋手相×恋愛コラムで
彼の気持ちをGETしちゃお♡

71

Part 5

出会いの場・人間関係の㊙攻略
話題盛り上げに最適!!

簡単性格診断／モテライン／
恋愛傾向／運気UPサイン

153

HOW TO USE THIS BOOK

■ 本書の使い方

　本書で解説するのは、ズバリ「今すぐ幸せになれる秘訣」です♡
　あなた自身の心とルーティンを少し変える事で、心に変化が現れ、今以上に「楽しい」と思える事が増えるはず。今より、もっと自由に、もっとハッピーに♡そんなヒントをたっぷりお伝えしていきます！

　本書のキーワードは「33法則×風水×手相」です。
　手相はとってもメジャーな占いであると同時に、ポイントを掴めば性格や今の状況を理解する、心の座標にもなり得るものです。

　つまり、手相で本来の自分を知る事は、自分を変える大事な一歩。
　本書では「手相」に加え、より楽しく生きる「33法則」と運気を上げる習慣「風水」を組み合わせた、「幸せマインド」を手に入れる方法をご紹介♡
　更に、恋愛と人間関係を攻略する為の方法も解説していきます。

　本書の内容を実践すれば、現状の悩みを解決しながら心を整え、運気アップ！　最終的に幸せマインドを手に入れる事ができますよ♡
　ぜひ、新しい自分を見つけるつもりで読み進めてみてくださいね！

Part 1

圧倒的に願いを叶える人になれる！33の法則

正しく生きなくて良い
楽しく生きよう!!

33の法則

Check 1 あなたらしさはいまこの瞬間にある

いまこの瞬間、心から「楽しい！」「好き！」「ワクワクする！」と感じる。その瞬間が、あなたを輝かせます♡ そして、それがあなたらしさです。今日と明日で素敵だと思うものが変わっても大丈夫。なぜなら、あなたらしさは常に更新されるから。瞬間で更新するから知らない自分にも出会えます。「やってみたい！」「面白そう！」そう思ったら行動してみて！ 否定されても、心がときめくならOK♡ 固定化された私らしさにとらわれず、自由に軽い気持ちでいれば可能性は更に広がります！

Check 2 我慢をやめる

今、我慢ばかりして辛い思いをしていませんか？ 我慢は、すればするほど精神を消耗させますし、人生の楽しさや喜びを感じられなくなります。我慢した結果、仕事で成果を出せる事もあるでしょう。ですが、その後に待っているのは更に我慢を強いられる現実です。恋愛でも我慢で成立している関係は、何の解決にもならないので、いつか破綻します。辛かったらすぐ辞めるというカードを持っておいて良いのです。自分を苦しめている我慢のブロックを外して、心を解放していきましょう！

Check 3 正しくではなく楽しく生きる

正しさにこだわる必要はありません！　なぜなら、「正しい」「正しくない」を軸に考えると本当に楽しい人生を送れなくなるからです。

「楽しく」とは、ただ騒ぐ事ではなく、充実感ややりがいを得たり、本当に興味を持てる事ができる事です。笑顔で楽しむ事は、周りの人たちをも幸せにする程のパワーがあります♡

楽しく生きる為に「すべき」「せねば」を捨てて、心がワクワクする事を小さな事から探していきましょう！

Check 4 人生は、誤解と錯覚の連続

人間関係の問題は、誤解と錯覚で起こる事がほとんど。ですが、それに気付かず相手を責めては何の解決にもならないどころか、根本的な話から逸れてしまいます。中庸を保つのは難しく、心が折れる事もあるでしょう。しかし、騒ぐほど誤解と錯覚が増し、解決までに時間がかかります。人は他者によって傷つけられたり、助けられたりします。心が曇ると誰も信じられなくなり、自暴自棄になりがちです。幸せを手放さない為に、中庸を保ちつつ、誠実に伝える事を忘れずに生きていきましょう。

5 良い香りを纏う

　神様は良い香りを好み、階級の高い神様ほど高貴な香りを漂わせています。反対に悪霊や邪気が強くなる程、不快な臭いを放ちます。香りは人工的なものではなく、自然の花や木の香りがベスト。自然由来の香りはリラックス効果もあり、心もリフレッシュできます。人の運気は、家に入った瞬間の香りで分かります。つまり、良い香りを纏えば良い運気がついてくるのです♡（清潔な身体でいる事が前提です）この機会に、良い香りを纏い、空間を浄化して心身ともに癒されてみてはいかがでしょうか？

6 気を大切にして生きる

　この世は「気」で成り立っています。「天気」「元気」「気が合う」「気が乗らない」という言葉からも分かるように、心身の状態を「気」は細やかに表しています。気が荒れると心が不安定になり「ツイてない」と感じやすくなります。

　そんな時は「ありがとう」「ツイてる」「楽しい」など、ポジティブな言葉を使うと「運気」のサポートを得やすくなりますよ♡

　夢や願いの実現には、日々心をリセットしてリラックスする事。気の安定は心の安定に、心の安定は気の安定に繋がります。

7 本音で願いを叶えていく

　本音で生きれば、自分に合った人を引き寄せられます。自分らしくいれば、活力がみなぎり、幸せエネルギーを周囲に伝染させられるんです♡「本音を伝えたら否定されそう」そう遠慮していると、自分の意見がなくなります。大切なのは、加工せず本当の思いを伝える事。美人占花では、感情を大切に本音で生きながら、軽やかに自分の願いを叶えていくのです。人の気持ちを考える事も大切ですが、本音を言えない事の方が問題です。思い込みのブロックを外して、丁寧に相手に伝えていきましょう！

8 精神と欲のバランスを保つ

　人は欲が強くなると執着し、精神性が強まると依存しがちです。だからこそ、人生で何か問題が起きた時は、自分の心の声に素直に耳を傾け、本当にやりたい事をしっかりと見つめ直す事が大切です。魂の成長を意識すれば、自然と良い方向へ導かれるはず。また、恋愛や仕事、人間関係が上手くいかない時は、自分の軸がズレているサイン。損得や見栄、欲望に振り回されると、本来の自分を見失うので注意してくださいね。精神と欲のバランスを保ち、自分らしく輝いていきましょう。

9 波動を上げる

　私たちは自力で生きているのではなく、自然に活かされて生きています。大自然を身近に感じる事は、自身の波動を高めるのに欠かせない事。木々や滝などに囲まれた自然豊かな場所は特に波動が高く、心をリフレッシュさせてくれますよ！

　特に清々しく心が晴れやかになる場所は波動が高いです。人の人生は、自分が放つ波動で大きく変わります。自分が豊かな波動を放つ事で、豊かな人生や人間関係を生み出せるのです。

　ぜひ波動を上げる習慣作りも実践してみてくださいね！

10 固定観念を捨てる

　固定観念って邪魔じゃない？　私たち人間は環境によって常識が変わり、経験に深く影響される生き物です。

　固定観念から脱却したいなら、まずは自分の無意識の思考パターンに気付く事が大切。もし今、自分を縛っている何かがあるなら、それは行動に制約を与えているという事。

　考え方は自由ですが、古くて使えなければ心を縛る「檻」でしかありません。檻から心を解放できるのは、誰でもなく、あなたにしかできない事♡　使えない固定観念は捨てて、心を自由に、解放の道へGO！

11 シンプルに生きる

　悩み事は、物事に理由を求めるから複雑化します。でも、悩みの解決法は、至ってシンプル。次元を変える事だって至ってシンプルなんです。もし、罪悪感や後悔で自分を縛っているなら、それを手放す事を心がけてみて！　自分がどれだけ変わりたいと思うのか。ただそれだけなんです。

　大切なのはブレない心♡　この世の中はすべて理由で成り立っている訳ではなく、人との関わりも偶然ではなく「縁」です。しかし、それを理解せずにいると、結局は浮世に流されてしまいます。

12 時間は有限、可能性は無限

　私たちに与えられている時間は有限です。多くの人が、まるで時間が無限にあるかのように日々を過ごしていますが、実際には時間は限りのある、とても貴重な資源なのです。

　他の人が時間を浪費している間に、心がワクワクするような事を見つけたり、心がときめく何かを見つけて、学びを深める事が大切！　これまで忙しさに追われてきた人も、人生をより幸せにする為に、本当にやるべき事を見極めて♡

　そして、限りある時間を、自分らしく楽しく過ごしましょう！

13 幸せな未来に他人評価は必要ない

　人に評価される為に頑張る、人が良いとするものが良い。そんな価値観に縛られていませんか？

　他人の評価に生き方を委ねると、人生が振り回されてしまいます。他人はあなたの人生に責任を持たないからです。

　自分を輝かせる為には「あなたが」どうしたいのか？　という「自分軸」を持つ事♡　そうすれば心が軽くなり、幸せな未来へ繋がります。占い美人の判断基準は「好き」か「嫌い」か、「したい」か「したくない」です♡　人に運命を委ねず、幸せを感じる事にエネルギーを注ぎましょう！

14 感謝の気持ちを忘れない

　幸せに生きる上で、感謝の心は欠かせません。だからこそ、「すみません」より「ありがとう」を大切に♡　日頃から感謝の気持ちを伝えれば、運が巡ってきます。

　心からの感謝を習慣にすると、自然とありがたい事が見つけられるもの。そうすれば、仕事や恋愛も順調に進み、人生も好転していきます。

　毎日を当たり前だと思わず、感謝の心に切り替える事で、この世や周囲の人たちから、自分がどれだけ多くのものを与えられて生かされているか、実感できるはずです。

15 世界の創造主はあなた

　私たちは原子核と電子の集合体で、宇宙と自然界の一部です。その集合体が振動してエネルギーを放ち、世界の様々な現象に影響を与えています。

　中には自分で何かを作り出せるのかを考えるのが難しく感じられるかもしれませんが、望む瞬間に新たな流れが生まれます。

　大きな目標にフォーカスしがちですが、小さな目標から叶えてあげる事で、小さな幸せが積み重なり、大きな幸せへと繋がります♡　行動して気付く小さな幸せを味わいながら、幸せな未来を築いていきましょう！

16 SNS疲れ感じてない？

　良い気も悪い気も、他人から入ります。

　気には「有言の気」と「無言の気」の2種類があります。「有言の気」は直接人と接する事で影響を受けますが、「無言の気」は接触しなくても精神に影響を与えます。

　現代社会はネットなどの電磁波と通じて「無言の気」(音魂を使わない)の影響が増しています。

　SNS疲れを感じたら、一旦離れたり、心地よい距離感を保って、ストレスフリーなSNS美人を目指しましょう！　そして、良い音霊(有言)をたくさん取り入れていきましょうね♡

Check 17 付き合う相手を間違えない

　人は他人の影響を大きく受けます。一緒にいると運が良くなったり、悪くなる人がいるものです。

　会った後にどっと疲れたり、体調が悪くなったり、気分が沈む人は、サッと距離を置くのがベスト！　特に同棲や結婚は、運命共同体になるので強く影響を受けます。いくら好きでも疲れる人といると運が悪くなる一方です。

　相手の本質を見抜けず、散々運が落ちてから「見る目がなかった」と気付いても後の祭り！　心がぱーっと明るくなる。元気になれる。そんな人との付き合いを深めて運気を高めましょう♡

Check 18 美しいものに触れる事

　美しいものは、心を豊かにするだけではなく、波動も高めてくれます。良いものに囲まれて暮らすと、体内に良いパワーが満ちて、心も美しくなります。

　美しい景色や自然の音は、ストレスを和らげて心を和ませてくれるもの。だからこそ、たくさんの自然に触れて美しさを感じ、心をときめかせましょう♡

　クラシック音楽やオペラ、絵画などの一流の文化に触れるのも良いですね！　そうする事で波動が高まり、物の本質の見方や人生の質が変わっていくはずです。

19 人生に明確な目的を掲げる

　人は、人生の目的を失うと生きる気力を失います。「生きてる意味は？」「仕事の意味は？」そう思って、「何か楽しい事ないかなー？」が口癖になったら、占い美人的レッドカード！　生きる目的は、幸せな人生を送る上で必要不可欠です。

　好きで夢中になれる事を見つけたら、目標を立てて実践していきましょう！　今見つからなくても大丈夫。そんな時は、子どもの頃夢中になった事を思い出してみて♡　ヒントが隠されていますよ。

　理想の自分を形にして、輝く毎日を送りましょう！

20 他人と比較しない

　他人の魅力と自分を比べて落ち込むのはやめましょう。あなたは、ただ最高の自分になる事だけに集中してください。

　あなたの世界で一番力を持っているのは、紛れもなくあなた自身♡　生まれた時は、私たちは自分の世界で思う存分、自分を生きていたのです。後からついてきた劣等感などは、周りからバトンのように受け取ったものです。他人を追うより、理想の自分を追いかけてください。

　そして、あなたの魅力を誰よりも分かってくれる相手を選んでお付き合いしてください♡　それが、幸せの秘訣です。

21 邪気から身を守る

　塩のお守りを身につけると良いでしょう。塩を持ち歩く事で、外出先での災いやトラブルからあなたを守ってくれます。

　更に、塩には「再生のパワー」があり、心身の疲れや緊張を和らげて、気を安定させる効果もあるんです♡　人と会う前や気が乱れそうな場所へ行く時は、粗塩を紙の小封筒に入れて持ち歩きましょう。

　使用後は「ありがとうございました」と感謝の気持ちを込めて流しに流して処分してくださいね。（持ち歩く塩は毎日新しいものに交換するようにしましょう）

22 苦労を辞める

　現代日本では、苦労が美徳化されてきましたが、しなくて良い苦労に楽はないのです。苦労や努力で体調を崩した時は、本当の自分（真意）とズレがあるという警告の印。「もっと違う道があるよ！」とあなたに教えてくれているのです♡

　これからの時代は、今の心の状態がそのまま未来の状態へ連鎖していきます。苦労していれば、苦労する人生に。笑顔で幸せに過ごせば、幸せな未来になります。焦らず、的確な判断で行動しましょう！　今ある自分を大切に♡　今以上の自分になれたら、自分を褒めてあげてください。

健康こそが開運

　健康だけでは幸せになる事はできませんが、どんなにお金や地位、名誉があっても、心身の健康がなければ、人は本当の幸福を感じる事ができなくなります。

　健康を保つ為には、規則正しい睡眠と有酸素運動が欠かせません。寝る前に10分間瞑想をしたり、朝目が覚めたら日光を浴びてみるなど、少しでも良いので良い習慣を取り入れてみて♡

　健康の重要さは不健康になって初めて気付くもの。健康である事が人にとって第一の開運法である事を心に留めておきましょう。

迷っても止まらない

　生きていく上で人生に迷いや行き詰まりを感じても、自分で打破していかなければ現状を変える事はできません。

　人生は、自分に「何が起きるか」で、決まります。大切なのは、チャンスが来た時にそれをものにする事♡　チャンスを逃せば、一向に上がれなくなります。だからこそ、迷っても進み続ける事が大切です。

　運気の良い人は、迷い、考えながらも歩き続けています。新たな挑戦を恐れず、勇気を持ち、常に前進する事を忘れないようにしましょう。

25 無理しない

　無理するのが当たり前になっていませんか？　無理しない恋愛！　無理しない仕事！　無理しない人間関係！　そんな選択肢に幸せのヒントがあります。

　幸せは無理をしたから手に入るものではなく、自分らしい生き方をするからこそ手に入れられるもの♡　「もっと頑張らなきゃ」という固定観念に苦しむ人は、その思い込みで疲れています。

　実際、思い込みは心を不安定にし、自分を追い詰めて無理を重ねる原因となる事も。頑張りすぎて疲れてしまう人は、「無理をしない」選択をしてみてください。

26 まずは善い種まきから

　私たちは、日々因果応報を繰り返して生きています。善い種をまけば良い結果が、悪い種をまけば悪い結果となって返ってくる。つまり、すべての物事には必ず原因があるから、結果が生まれるのです。

　その結果は数年後もしくは数十年後に起こるかもしれません。だからこそ、人間関係は特に注意が必要です。

　私たちは日々、小さな事から大きな事まで決断を繰り返しています。後悔のない未来を作る為に、小さな事から今できる事を実行し、善い種をまき、良い果実を実らせていきましょう♡

27 占いの使い方を間違えない事

　占いとは、「頼るもの」ではなく「使うもの」です。これを多くの人が誤解しています。重要なのは、「自分自身で考えて行動する」という主体性を持つ事♡　占いはあくまでツールであり、使いやすいものを選んで活用する事が大切です。

　占いは、考えても解決できない問題にぶつかった時、その最終手段として使うのがベスト！　世の中は不思議や奇跡で成り立っているわけではありません。

　占いに依存せず、主体性を持って賢く取り入れていきましょう。

28 ネガティブでもいい

　願いを叶えるにはポジティブな気持ちでいる事が大切ですが、ネガティブになった時、無理にポジティブでいる必要はありません。

　風邪を引いた時に無理をすると悪化するのと同じです。この本（美人占花）では、心と身体は同一だと考えています。つまり、大切なのは両方のバランス♡

　ネガティブな感情が多くなっている時は、すぐにポジティブに変えようとせず、ポジティブな感情に近づけるような風水を取り入れたり、自然と触れ合いながら心を解放させていきましょう！

29 自分のペースを大切にする

　人生には、良い事もあれば悪い事もあります。大切なのは、自分の価値観を守り、自分のペースを保つ事♡　これを心がける事で、開運に繋げる事ができますよ！

　心が弱い時は、些細な嫌な出来事でペースが乱れてしまいます。その乱れから悪い運気になってしまった時に他人の悪い気が入り込むと、本来なら考える必要のない事で時間を浪費してしまうのです。周囲に流されて疲れる前に、自分の心を見つめ直して、悪い事を回避していきましょう。

30 陰徳を積む

　「陰徳」とは、人目につかずに良い行いをする事で、見返りを求めずに行う徳の事です。善意は具体的な形を成すと人に気付かれてしまうもの。

　一方、陰徳の本質は目には見えない心配りです。陰徳の「陰」は「影」に例えられます。他人を助けたり、大切な人の幸せを願ったり、笑顔で人に接するなど、目には見えない形となって表れる行為そのものです。

　心に徳を積む事でネガティブな事や悩みがあってもあまり気にならなくなるはず♡　まずは自分のできる方法で陰徳を積んでいきましょう！

31 自由に生きる

　いつでも、どんな時でも、あなたは完全に自由なのに、あなたが自由から逃げていませんか？　自由とは、環境や規則の問題ではなく、あなたの心の状態そのもの。それは外から掴み取るものではなく、自分の内側に存在するという事に気付くだけなのです。

　あなたが本当の自由を選択すれば、もっと自分らしい生き方ができるはず♡　誰にも振り回されない幸せな未来は、実はすぐそばにあるのです。この事を心に留めて、心の中で眠っている自由を使いこなしていきましょう！

32 自信を持つ

　自信がないと、他人と戦う前にすでに自分に負けてしまいます。更に、自信がないと他人の言動に一喜一憂しやすくなり、自分の感情をコントロールできなくなる事も。

　しかし「自分ならできる」と自分自身を励まし、成功する姿を想像しながら取り組むと、想像以上の良い結果を生み出す事もできるんです♡

　自信がつくと、精神的な余裕が生まれ、他人から批判や刺激される事があっても冷静に対応できるようになります。そうなれば、些細な事では心が乱れなくなるでしょう。

Check 33
嫌われてもいいやと思う事が解放に導く

　他人との摩擦が生じている時、「なぜ？」と考え続けてるうちは、その人と同じ波長でありその時点での成長はありません。

　価値観の違いに悩んでいるとストレスが増え、人間関係に疲れます。このような関係は精神的なコストでしかありません。

　周りの目を気にしていては、あっという間に人生が過ぎ去ってしまいます。「誰の為に生きているのだろう」と考えた時、現状からエスケープできるかは自分次第！　一歩踏み出す勇気を大切にしていきましょう♡

Rika's Message

幸せのチャンスは、
準備された心に
舞い降りる

Part 2

風水で運気アップ！幸せを呼び込むライフスタイル

新習慣で毎日にトキメキを♡
占い美人が実践する
とっておきの開運術!!

1. 恋愛・結婚運を上げる為の開運法

幸運の色「ピンク」を味方につける

　ピンクは恋愛において絶大な効果を発揮する色。つまり「幸運の色」です。ひと言で「ピンク」といっても、濃淡などのバリエーションが豊富なので、ぜひ自分に似合うピンクの服や小物を身に着けてみてください。

　特におすすめなのは「下着」。下着は直接肌に触れるのでエネルギーを吸収しやすく、効果も出やすいといわれています。

　また、ピンクは自律神経を整える効果もあるので、ストレスを抱えている人にもピッタリ！　ぜひ、一つでもピンクを身に着けてみてくださいね。

ぬいぐるみや人形は最低限に

　ぬいぐるみや人形は良い気を吸収しやすいアイテム。つまり、運気を奪ってしまう事もあるのです。

　その為、寝室などにぬいぐるみや人形をたくさん置くと、せっかくの良い運気が吸い取られてしまう事も…。良い運気が巡っていたとしても、このような状態では、恋愛運や結婚運が下がり、良い出会いを逃す原因となってしまいます。

　その為、ぬいぐるみや人形は最低限にとどめておくのがベスト♡　どうしても置きたい場合は、なるべくベッドから離れた場所か、足元に置くようにしてくださいね。

Check 3 寝具は清潔に

　ベッドルームは、日々の疲れを癒し、明日への活力を蓄える場所です。だからこそ、寝室を綺麗に保ち、1日の疲れをリセットする空間として整える事が大切！　枕カバーやシーツはこまめに洗濯し、清潔に保ちましょう。

　寝具を清潔に保てば、ヘアや肌のコンディションを保つ事もできるので、予期せぬ突然の出会いのチャンスも逃しません♡

　恋愛運をアップさせたいなら、レースや花柄、ドット柄の枕カバーやシーツを選ぶのがベスト！　色はピンクや白が良いといわれているので、ぜひ取り入れてみて。

Check 4 バスルーム、洗面所を清潔に

　美容と恋愛に大きな影響を与えるのが、お風呂や洗面所などの水回りです。これらの場所をピカピカ清潔に保つ事で、運気もアップ♡　特に洗面所の清潔さは、美人度や女子力アップに比例するといわれているんです！

　つまり、洗面所がキレイであればあるほど、あなたの魅力も輝きを増すという事♡

　特に注意なのは鏡。掃除をサボるとすぐに水垢が付いたり、くもってしまう事がよくあります。運気を高める為にも、気付いた時にピカピカにするようにしてくださいね。

2. 仕事運を上げる為の開運法

Check 1 観葉植物を部屋に置く

　観葉植物を部屋に置くと、気の流れを整えて良い運気が部屋に溜まりやすくなるといわれています。更に、観葉植物は部屋の運気だけではなく、明るい雰囲気を作り出し、心身共に良い影響を与えます。

　特にパソコンなど電磁波を発する機器の近くやオフィス、自宅なら書斎に置くのがベスト♡

　部屋の中でも角は悪い気が溜まりやすいといわれています。その場所を清潔に保ち、観葉植物を置く事で悪い気を浄化してリラックスできる空間に変える事ができますよ！

Check 2 朝起きたら窓を開けて換気を

　朝起きてカーテンを開ける時、窓も一緒に開けましょう！　こうする事で、空気と運気を入れ替えて浄化し、仕事運を高める事ができます。

　私たちが寝ている間、身体に溜まった悪いもの（厄）は寝室などの部屋に漂ってしまいます。前日に仕事や人間関係でストレスを感じている時ほど、翌朝は窓を開ける事を忘れずに。

　朝の新鮮な空気を取り入れる事は、単に室内に酸素を入れるだけではなく、気の浄化にも繋がります。ぜひこの習慣も大切にしてみてくださいね♡

Part2　風水で運気アップ！ 幸せを呼び込むライフスタイル

Check 3 デスクはスッキリ片付ける

　良い運気を呼び込む為には、整理整頓された清潔な場所が欠かせません。水には悪い気や厄を取り除く「浄化」の効果がある為、できれば毎日拭き掃除をしましょう！

　デスクが埃っぽいと人間関係にも悪影響が及ぶ事があるので、こまめな掃除を心がける事が大事♡

　また、よく使う物は目線より高い位置に置くと、出世運が上がるといわれています！　逆に仕事に無関係な雑貨などをデスクに置くと、仕事運が停滞する事にも繋がるので最低限に留めましょう。

Check 4 靴を磨く

　足元は世間の評価を受けやすく、開運のポイントにもなる場所。足裏は運を吸収する特別な場所なので、大地からのエネルギーを存分に吸収す  る事ができると、良い出会いや仕事運アップに繋がるのです♡

　ですが、その足を包む靴が汚れていると、良い運を引き寄せる事はできません。靴は運を運んでくれる大切なアイテム！　だからこそ、綺麗な靴を選んで履く事で、運の良い場所へ導かれるといわれています。不要な靴は運気を下げてしまう原因となるので、溜め込まずに処分しましょう。

玄関は広く保つ

　玄関は運気の入口ともいえる場所。そこに鏡を置く事で、悪い運気を跳ね返し、良い運気を家の中に招く事ができます♡

　具体的には、外から見て玄関の左側に姿鏡を置くのがおすすめ！　この時、八角鏡なら更に良いといわれています。こうする事で空間がより広く見え、良い運気を引き寄せる事ができますよ。

　一方、玄関が汚れていたり散らかっていると、良い運気が入って来なくなり、家中の運気が下がる原因に。日頃から玄関の整理整頓を心がけてみてくださいね。

トイレを清潔にして蓋を必ず閉める

　トイレは金運を左右する重要な場所であるとともに、家の経済状態を象徴する場所でもあります。

　清潔に保たれたトイレのある家は金運に恵まれ、汚れが目立つ家は金運が低迷するといわれているので要注意。トイレは、常に水が溜まっている事から悪い気＝陰の気が溜まりやすい場所なのです。

　悪い気をシャットアウトするには、普段からトイレを清潔に保つ事、トイレの蓋を閉める事、窓があれば定期的に換気をする事で、運気上昇に繋げられますよ♡

Check 3 身だしなみを綺麗にする

　キラキラ輝く人は、金運を引き寄せます。光るアクセサリーなどは、あなたの波動を高めます。更に、それだけではなく魔除けの効果や悪いエネルギーを遠ざけてくれるといった効果もあるのです。

　ただし、キラキラしすぎると怒りっぽくなるなどのマイナス効果に繋がる事もあるので、その点は注意。

　女性の場合は、表情を明るく見せるメイクも効果的です♡実は肌ツヤが良い人は金運が良いのです。忙しい中でも自分を大切にする事で、更なる金運を呼び寄せる事ができますよ！

Check 4 家にある使ってない物を今すぐ捨てる

　使っていない物は思い切って捨てましょう！　家に古いものが溜まると、負のエネルギーが溜まり、運気を下げたり、悪い運気を招いてしまいます。

　不要な物を手放す事で、リフレッシュできて、運気アップに繋げる事ができますよ♡

「もっと良い結果を得たい」「色々考えないようにしたい」と思っているなら、部屋には本当に必要なものだけを置くのがベスト。家の中を見渡して、使っていない物があればこの機会に断捨離して、シンプルな環境を作っていきましょう！

4. 健康運を上げる為の開運法

カーテンは清潔に

　カーテンは邪気や厄を跳ね返してくれる開運アイテム！ですが、汚れているとその効果も薄れます。

　気の流れをスムーズにして良い気を取り入れる為に、カーテンは清潔に保ちましょう！　季節に応じて、新しいカーテンに買い替えるのも良いですね♡

　窓から自然のパワーが入ると、部屋の雰囲気はもちろん、居心地も良くなります。カラーは自然や健康をイメージさせるグリーン系やアイボリー系のナチュラルカラーがおすすめ！　あなたの心を落ち着かせて、癒してくれるはずです。

枕元に電化製品を置かない

　電化製品から放出される電磁波は、人間の持つ気とは異なり、運気を乱す原因となります。これは身体の不調を引き起こすだけではなく、時には睡眠の質を損なう事も。

　その為、スマホなどの電化製品を枕元に置くのは避けるようにしましょう。テレビやパソコン、空気清浄機などの電化製品も、できるだけ寝室には持ち込まないようにしてください。

　どうしても置きたい場合はベッドの上部ではなく、ベッドサイドや足元に置くのがおすすめです。

Check 3 毎日入浴して邪気を払う

　夜になると、その日自分が抱いた感情や周囲の人々が発した気が体に溜まって付着しています。

　朝のみ入浴する方もいると思いますが、開運に繋げたいなら夜しっかりと湯船に浸かるのがおすすめ♡　入浴は「1日のお清め」と考え、良くない気をすべて洗い流していきましょう！　こうする事で運気がアップするのはもちろん、リラックスして新たな良い気を迎える準備もできます。

　特に嫌な事があった日は、身体と髪を二度洗いする事で厄落としに繋がり、運気も回復します。

Check 4 キッチンは明るく清潔に乾燥した状態に

　キッチンは、コンロや電子レンジ、冷蔵庫などの「火の気」とシンクの「水の気」が共存し、気のバランスが崩れやすい場所です。

　気のバランスを保つ為には、定期的に清掃したり、換気を心がけて気の停滞を防ぐ事が大事♡

　コンロの汚れや洗っていない皿など、汚いものは邪気を招き、そのマイナスパワーが食べ物に移り、口にした人へと伝わって運気を下げてしまいます。食器洗いの時も、終わったら荒い桶の中を空にして、しっかり乾かしてくださいね！

Power Spot

　占い美人を目指すなら、パワースポットでエネルギーをチャージする事も欠かせません。神社や仏閣、森林や海などの神秘的なパワーを感じられる場所はたくさんあります。気になる場所をいろいろと巡り、お気に入りのパワースポットを見つけましょう。またここでは、私のおすすめする縁結びの神社を一部ご紹介しますので、パワースポット巡りの参考になさってみてくださいね。

❶ 根津神社／東京都文京区／縁結び
❷ 日枝神社／東京都港区／縁結び
❸ 豊川稲荷東京別院／東京都港区／縁結び、悪縁切り
❹ 増上寺／東京都港区／縁結び
❺ 深大寺／東京都調布市／縁結び
❻ 高瀬神社／富山県南砺市／縁結び
❼ 白山比咩神社／石川県白山市／縁結び
❽ 富士山東口本宮 冨士浅間神社／静岡県駿東郡／縁結び
❾ 九頭龍神社／神奈川県足柄下郡箱根町／縁結び
❿ 白髭神社／滋賀県高島市／縁結び
⓫ 二見興玉神社／三重県伊勢市／縁結び
⓬ 八坂神社／京都府京都市／縁結び
⓭ 安井金比羅宮／京都府京都市／悪縁切り・縁結び
⓮ 貴船神社／京都府京都市／縁結び
⓯ 下鴨神社／京都府京都市／縁結び
⓰ 伏見稲荷大社／京都府京都市／縁結び
⓱ おのころ島神社／兵庫県南あわじ市／縁結び
⓲ 出雲大社／島根県出雲市／縁結び運
⓳ 熊野大社／島根県松江市／縁結び運
⓴ 宗像大社／福岡県宗像市／縁結び

HAPPYを引き寄せるおすすめパワースポット

- ❶ 根津神社
- ❷ 日枝神社
- ❸ 豊川稲荷東京別院
- ❹ 増上寺
- ❺ 深大寺
- ❻ 高瀬神社
- ❼ 白山比咩神社
- ❽ 富士山東口本宮 冨士浅間神社
- ❾ 九頭龍神社
- ❿ 白髭神社
- ⓫ 二見興玉神社
- ⓬ 八坂神社
- ⓭ 安井金比羅宮
- ⓮ 貴船神社
- ⓯ 下鴨神社
- ⓰ 伏見稲荷大社
- ⓱ おのころ島神社
- ⓲ 出雲大社
- ⓳ 熊野大社
- ⓴ 宗像大社

Rika's Message

占いは、
香水のようなもの
あなたを輝かせる
エッセンス

Part 3

今すぐ分かる
手相の見方
「新しい私」を
見つける8の事

運命を変える第一歩は
自分を知る事

はじめに、手相占いに用いられる手のひらの線や場所の名称、その意味について、簡単にご説明していきます。

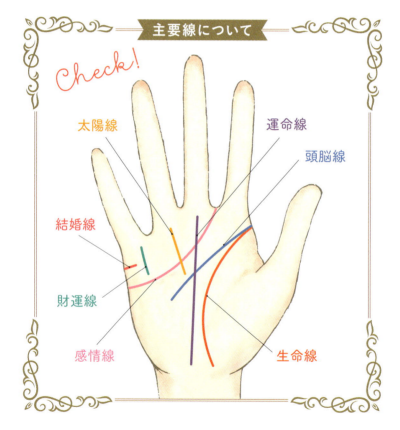

手相は主に、生命線、運命線、頭脳線、感情線、結婚線、財運線、太陽線の状態を見て占います。それぞれの線に象徴する事柄がありますが、占う内容によっては複合的に見る場合もあります。

生命線 … 体力、気力、健康状態など
運命線 … 生き方、状況の変化など
頭脳線 … 性格、知性、才能、適職、仕事運など
感情線 … 心理状態、人間関係、愛情の傾向、恋愛運など
結婚線 … 結婚の時期、恋愛運、結婚運など
財運線 … 蓄財運、コミュニケーション能力など
太陽線 … 成功、人気、幸福感、金運など

支線について

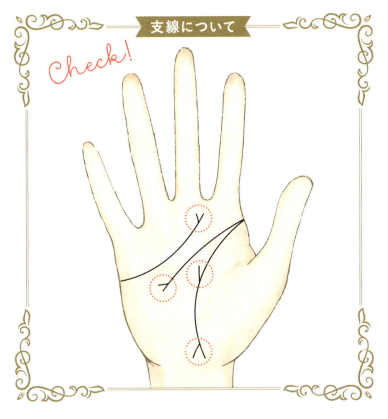

　支線とは、主要線などの太い線から枝分かれした線の事です。上向きに出ている、下向きに出ている、細かい線がいくつも出ている、また主要線の末端が枝分かれしているなど様々な特徴が見られます。支線の状態によって意味が異なりますので、線をよく観察してみましょう。

丘について

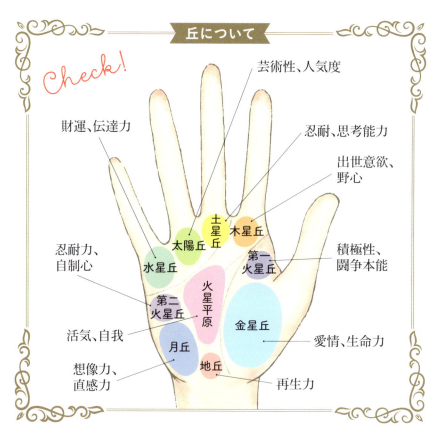

　手のひらには盛り上がった箇所がいくつかあり、手相占いではその部分を「丘」と呼びます。丘はそれぞれに意味を持ち、線の意味と合わせて読み解いていきます。大きく張っていたり薄かったり、ピンク色だったり青っぽかったりと人それぞれに特徴がよく表れる部分で、丘の様子からも性格や今の状態などを知る事ができます。

木星丘

膨らんでる人→自分を強く持っているリーダータイプ。心に野心・野望を抱いていて向上心が高いので、指導者に向いています。

へこんでる人→自己肯定感が低く、受け身なタイプ。その分、観察力や洞察力に優れているので、それを強みに変えていきましょう。

土星丘

膨らんでる人→真面目な負けず嫌い。プライドが高いところもありますが、仕事熱心で成功を収めやすいタイプ。物事を深く追求する一人の時間も必要です。

へこんでる人→ちょっとおっちょこちょいなタイプ。人付き合いでは軽薄な一面が見られがちですが、トラブルは少なく、平凡な人生を送ります。

太陽丘

膨らんでる人→人から好かれやすい人気者。自分の才能を仕事で活かすのも得意です。特に、人の心に訴える仕事が向いています。

へこんでる人→手腕や実力があるのに、表現力が低いが為に人気や名声に結びつかない傾向あり。目立たないものの、縁の下の力持ちとして活躍できる素質を持っています。

水星丘

膨らんでる人→コミュニケーション能力に長けています。常にアンテナを張っているので、情報収集もお手の物。その才能で財を成せる人です。

へこんでる人→勉強嫌いで、消極的。お金が貯まらない傾向にあるので、意識的に貯金するなど、お金回りの事は人一倍注意して過ごすようにしましょう。

金星丘

膨らんでる人→愛情深く、体力があり、エネルギッシュなタイプ。周囲の人に愛情を注ぐ事が、勝ち組への第一歩です。

へこんでる人→生命力が弱く、体調を崩しやすいタイプ。知らず知らずのうちに心や体が疲弊する事もあるので、時にはゆっくり休む事も忘れないようにしましょう。

月丘

膨らんでる人→感性や発想力が高く、アーティスティックな才能に溢れています。創造力・直感力を活かした仕事に就くと成功しやすいです。

へこんでる人→想像力や空想力に乏しく、アーティスティックな感覚が欠けています。熱中できるものを探して取り組む事で、人生を切り開いていけるでしょう。

第一火星丘

膨らんでる人→負けず嫌いでとても勝ち気なタイプ。闘争心が高く、何事にも熱く取り組める反面、すぐにカッとなってしまうところが玉にキズ。

へこみがある人→メンタルがとても繊細で、弱気なタイプ。ちょっとした事ですぐに心が折れてしまう事も。心臓も弱い傾向があるので、大病に注意しましょう。

第二火星丘

膨らんでる人→少しくらいイヤな事があっても辛抱できる忍耐強いタイプ。自律心が強く、こうと決めたらまっすぐ猪突猛進に突き進みます。

へこんでる人→我慢するのが大の苦手。一つの事を繰り返し行えない飽きっぽい性格ですが、毎日変化を感じられるような仕事に就くと本領を発揮します。

火星平原

現在の社会活動を表す場所。水が溜まるくらいの程よい凹みがあると良いとされています。

適度にへこんでいる→温和な性質を表しています。ポジティブで前向き。周囲から好かれやすいです。

くぼみすぎ→消極的である事を表しています。些細な事を気にしがちなので、自信を持てるよう自分磨きをしてみて。

地丘

ハリがある人→先祖からの恩恵を受けられる人。衣食住に困る事はなく、生活の基盤が安定しているので、目標や理想に向かって前進できます。

へこみがある人→住居が定まらず、苦労が続く傾向があります。生活の基盤が不安定なので、計画的な貯金が大事。予期せぬ事態に備える事で状況を打開できます。

線の状態について

線の色
線の色は、幸せ度を表します。ピンク色は、幸せを表す。赤色は、怒りを表す。黒色は、不幸な状態を表す。

線の長さ
長さは、執着心を表します。長い程、執着心が強くなり、短い程、執着心がなくなり、飽きっぽくなります。

線の濃さ
線の濃さは、生命力の強弱を表します。濃い程、生命力が強い。性質的には、濃い人は、男性的。薄い人は、女性的。

色の濃さの判断基準
回りの皮膚よりも線に色付きがあれば、濃いと判断します。回りの皮膚と同化している場合は、薄いと判断します。

良い線と悪い線
良い線は、パッと見た時にゆがみがなくスーっと綺麗に流れている線。悪い線は、ゆがみがありガタガタしている線。

★男女で見方に違いはありません。線に限らず、男性と女性で線の意味はほとんど変わりません。

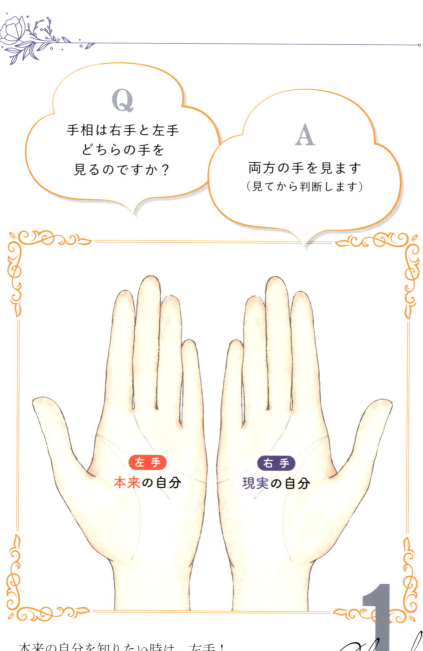

本来の自分を知りたい時は、左手！
現実の自分を知りたい時は、右手！

左手は先天的な運勢

　生まれ持つ才能、性格、本人の生き方や周りの環境に関係なく元々自分が持っている運勢が刻まれています。

右手は後天的な運勢

　その人の努力で切り開いた才能、性格、本人の考え方や生き方によって変化した結果が刻まれています。

左手はあなたの「心の中」

□普段は他人に見せていない隠している性格や内緒にしているあなたを表します。家族や親しい友人は気づいているかも。
□気持ちの変化や心の内部の出来事が表れます。

右手はあなたの「他人に見せる顔」

□他人からの印象が表れます。
□日頃の行動、考え方によって変化した結果が表れます。
□環境の変化や現実的な変化が暗示されます。

Check 2

Q 生命線が短いのですが短命ですか？

A 生命線が短い＝短命というわけではありません

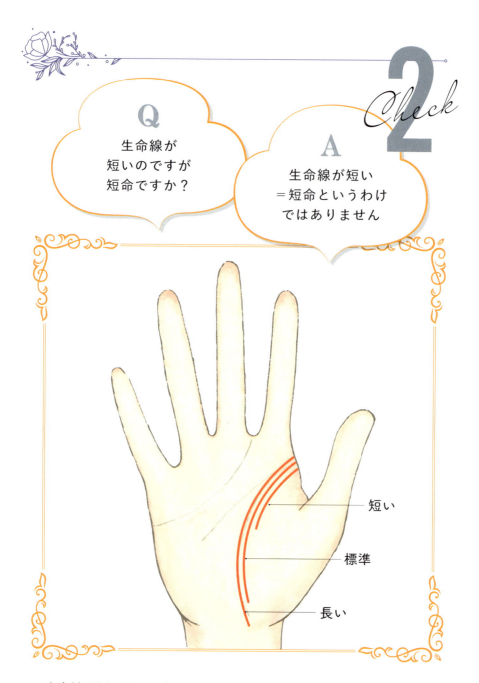

短い
標準
長い

　生命線が短い人は、型にはまらない生き方を好む傾向があり、人生を楽しむタイプです。生命線の長さや状態別の意味は次のようになります。

生命線が長い

　生命線の長さは、遺伝的寿命による長寿を暗示しています。元気で生活力が抜群。母親との縁が深い相で長男や長女に多く見られ、実家との縁が深く、生まれ故郷に留まり生涯を送る事もあるでしょう。

生命線が短い

　生命線が手首まで届かずに消えるのは、先祖や親からの相続運に欠け、忍耐強さが乏しく、住居や社会的立場も変動しやすい相。生命力が弱い暗示ですが、必ずしも短命を示すものではありません。

生命線が太くて濃い

　太くて濃い生命線は、体力や気力が充分に備わっている証拠。この相が見られる時は、大きな病気に罹る心配も今のところありません。やりたい事、行きたい場所があるなら、行動に移しましょう。

生命線が細くて薄い

　生命線が細くて薄い相は、体力気力が不足している状態。不摂生や運動不足、ストレスや情熱の減退などが原因となっている場合があります。生活が改善する事で細い生命線も徐々に太くなるでしょう。

生命線が途中で切れて、外側に切り替わってる

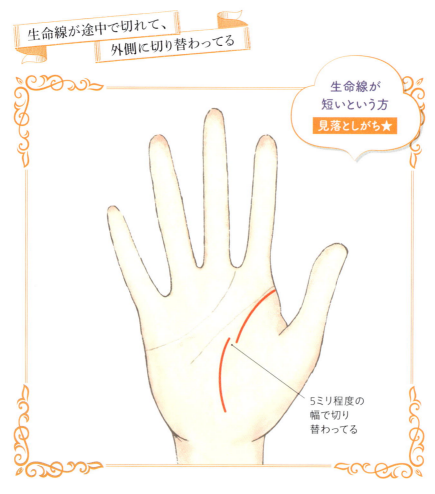

生命線が短いという方 見落としがち★

5ミリ程度の幅で切り替わってる

　自分の生活環境が広がっていく事を表しています。社会の場での活躍が増え、人生の豊かさがより広がるなど、今以上に発展する可能性を秘めています。生命線が切り替わる時期に海外移住をしたり、独立して経営者になる人に表れる事が多いです。

生命線が内側に切り替わってる

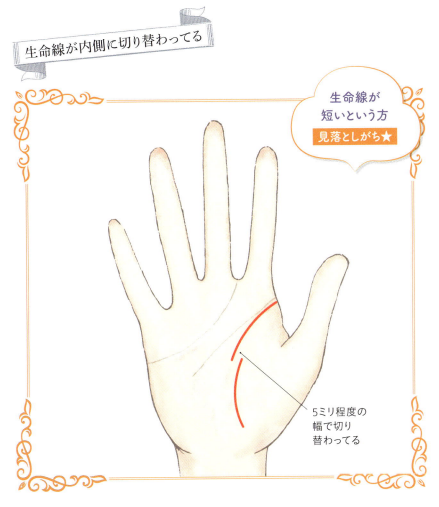

生命線が
短いという方
見落としがち★

5ミリ程度の
幅で切り
替わってる

　保守的な傾向が強まり、社会で活躍する機会が減っていく事を表しています。線の切り替わりは生命力の切り替わりを意味しており、運気のダウンを示唆している場合があります。頑張りすぎないように、少し肩の力を抜くように心がけてくださいね。

> **Q** 幸せになりたい！占い師の方はどの線を見てる？

> **A** 感情線と結婚線をメインに見てます！

Check 3

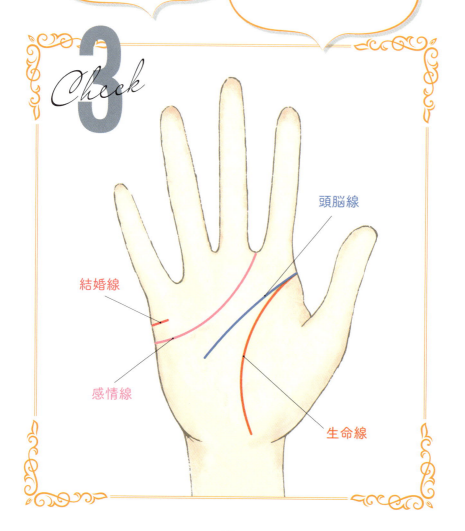

結婚線
感情線
頭脳線
生命線

Part3 今すぐ分かる手相の見方「新しい私」を見つける8の事

感情線は
心理状態・人間関係を表す

あなたの心理状態や表現方法、物事の捉え方などを示しています。上向きは楽天的で寛大なタイプ。下向きはクールでこだわり屋さんタイプ。まっすぐなのは理性的な傾向があります。カーブしている場合は押しに弱いですが、人間関係は上手くいくでしょう。

左右の感情線が極端に違うのは、

友達付き合いの時の顔と、踏み込んだ付き合いになってから見せる顔が「大きく違う」事を表しています。感情線はとても変化しやすく、心模様がすぐに表れます。感情線と向き合いながら日々の心の状態をチェックしてみてください。

結婚線は
恋愛全般を表す

あなたの結婚観や結婚するまでの過程が表れています。同棲をしたり結婚を考えたりするチャンスの回数を知る事ができます。（詳しくはp56）

また、右手の結婚線は「あなたの恋心」を、左手の結婚線は「あなたを愛する人の恋心」を表します。つまり両手の結婚線を見ればどんな恋をするのか分かります。

生命線は
生活力、健康運、体力・気力の有無を表す

あなたの健康状態やバイタリティーを示しています。人生の中でどのタイミングでどんな出来事が起こるのか記されています。

左手の生命線は、プライベートで発揮する力を表します。右手の生命線は、パブリックな場面で発揮する力を表します。

生命線が左右で極端に違う人は、ONとOFFの差がある人です。長く、美しい弧を描く生命線（金星丘下部の手首線までシッカリした弧を描いている）は健康で安定した人生を送る事ができて、晩年も安泰です。

頭脳線は
あなたの知性を表す

あなたの持つ能力（才能）、適職、得意分野、思考能力などを示しています。（詳しくはp162）物事に対してどのように考えて行動するのかが現れています。

左手の頭脳線は、元々持っている才能やあなたの中に秘めてる力を表します。右手の頭脳線は、元々持っている才能を活かした行動をする事で表れる線です。

頭脳線が変化する事は珍しく、能力を鍛えなければ線も変化しません。つまり頭脳線が変化した時は、その人が頑張った証なのです。

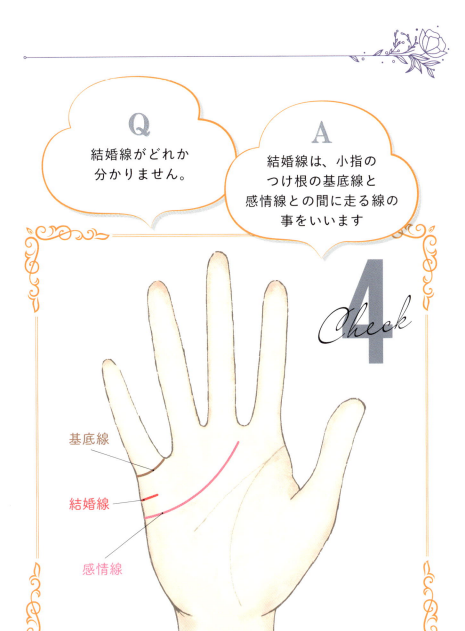

Q 結婚線がどれか分かりません。

A 結婚線は、小指のつけ根の基底線と感情線との間に走る線の事をいいます

基底線

結婚線

感情線

Check 4

手のひらの側面から伸びていて、感情線と小指のつけ根（基底線）の間に位置しています。長さ、本数、濃さなどは人ぞれぞれです。

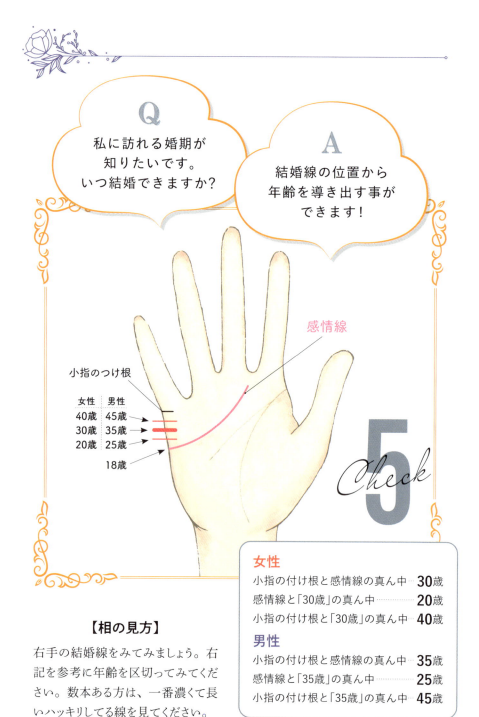

　右手に出る結婚線は、自分から積極的に行動する人に出る線なので、チャンスが多い人です。左手に出る結婚線は、心の中で出会いを望んでいる状態を表します。結婚線からあなたの恋愛傾向や婚期をチェックしてチャンスを掴みましょう♡

■20歳ほどで結婚する早婚タイプの線
　20歳くらいで結婚するでしょう。これよりも下に結婚線があると20歳前に結婚と早くなります。
■30歳くらいの位置に結婚線がある時
　30歳くらいで結婚するという表れです。
■40歳くらいで結婚する晩婚タイプの線
　40歳を表す位置よりも下に小さな結婚線がある場合、40歳より前に結婚する事があっても満足度は低いかもしれません。

「両手を揃えてピッタリ合う結婚線がある」
　行動と待ちの運がピッタリとなる為、自分の好みのタイプに出会う確率が高く、両想いになりやすい人です。

「違う位置にある」
　結婚のタイミングがズレてしまい迷いから結婚に躊躇します。中間地点より下に線があれば早婚、上にあれば晩婚しやすいくらいに考えておくとよいでしょう。一番下の結婚線から一人目、二人目という流れでカウントしてください。

「1本目の結婚線で結婚し、
　2本目の結婚線が刻まれている時期が訪れたらどうなる?」
　結婚生活をきちんと送っていれば何の問題もありません。ですが、例えば離婚経験がある方の場合は、再婚のチャンスが訪れるというわけです。

※結婚線がない人、薄くて線が分からないという人も心配無用！次からのQ&Aを参照してください！

Check 6

Q 結婚線がありません…

A 両手に結婚線がない時は結婚意識が低い時です

左手に結婚線がない場合

結婚に興味がなく、独身でも大丈夫！というタイプかも。いずれ結婚したいなら、出会いを求める行動も必要です。ご縁のある相手を見つけたら、右手に濃い結婚線が出てくるので見過ごさないようにしてくださいね。

右手に結婚線がない場合

恋愛より、今は仕事に夢中だったり、結婚に対してあまり興味がない事を示しています。ですが、この場合も結婚できないという意味ではなく、あなたの状況次第で結婚線が出てくる可能性は十分にあります。

左右両手に結婚線がない場合

実際、両手に結婚線がない人は、結婚願望が薄い傾向にあり、結婚するよりも独身でいる方が良いと感じています。結婚とはまた別の幸せを見つけられるタイプです。

Q 結婚線が薄かったり濃かったりするのはなぜ？

A 結婚に対する思いの強さによって変化します

Check 7

結婚線が薄い、短くて目立たない

　その気にならない相。結婚への執着心や意気込みが弱い状態です。本当に好きな人が現れて結婚したい気持ちになると結婚線が濃くなったり長くなって結婚運が上昇します。

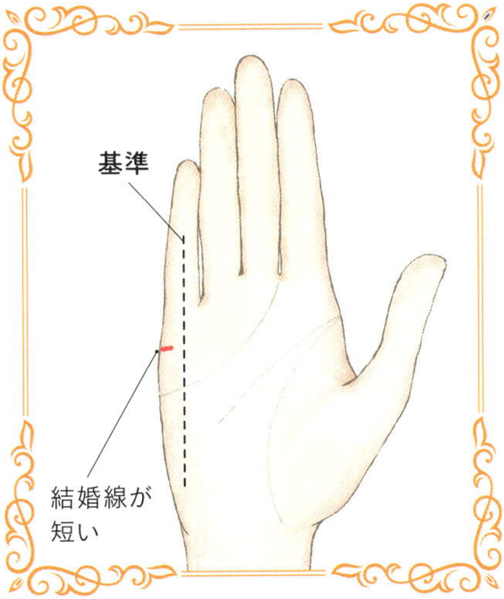

基準
結婚線が短い

結婚線が薄い＝恋愛の縁はあるかもしれませんが、結婚には至りにくい事を示しています。
結婚後に線が徐々に薄くなっていく＝結婚相手が空気のような存在になっている現れです。
結婚線が濃い＝素敵な縁と出会える可能性が高まっている事を表します。

薄い → 皮膚の色とほぼ変わらない
濃い → 皮膚の色より、ピンクで赤味おびている

Q 結婚線を見てほかに分かる事はありますか？

A あなたの恋愛遍歴や恋愛傾向が分かります

■ 結婚線の数は恋した数

　結婚線の数は結婚のチャンスに比例します。数が多ければ、恋愛の回数も増えモテる人だといえます。また、結婚線に表れるという事は、それほど真剣な気持ちである証拠。結婚を意識するほど大好きな人との出会いや同棲など、人生に影響を与えるような人との出会いは結婚線に表れます。

結婚線が1本

　恋に関してとても真面目で一途なタイプ。女性であれば良妻賢母です。1本の場合、恋愛のチャンスは少ないけれど、その出会いに集中できる為、結婚が決まりやすい傾向にあります。

結婚線が2本

　前世で出会った魂をこの世で求めている意味があります。この場合、大恋愛を2回するか結婚や同棲を考える相手が2人現れる可能性があります。結婚のチャンスも2回訪れるでしょう。

結婚線が3本

異性に親切で愛情豊かな人。大恋愛の相手が3人現れ、結婚できる可能性も高いでしょう。良いと思う人が複数現れて1人に絞れず婚期が遅れたり、結婚後にもっと良い人がいるのではと考えてしまう事も。

結婚線が3本以上

あたたかな愛情を持つ人ですが、その反面、浮気性な性格の持ち主でもあります。配偶者の他に別の異性と交渉を持ったり、再婚を重ねてしまう暗示があります。言い寄られても誘惑に負けないように。

結婚線が複数あり1本長く濃い線がある

恋多きタイプですが、本命は1人！　異性との出会いが多く、モテます。悪気なく相手をキープする事があるので、距離感には注意。1本長く濃い線がある場合は、結婚や長期間の同棲を意味しています。

細かな結婚線が複数ある

女性なら社交的な人。接客業に向いていますが、好きではない異性に誤解され、ストーカーに遭う危険性もあります。男性なら好みの女性に優しいタイプ。ただし、優柔不断な優しさが仇となる事も。

■ 結婚線の長さは想いの強さを暗示

どんなに細い線でも恋心を表しますが、長くくっきりとした線ほど真剣な思いである証。更に両手を揃えた時にぴったりと重なると結婚に至るケースが多いようです。短い線は、出会いはあるがなかなか結婚に結びつかない事を表します。

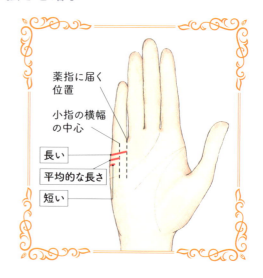

結婚に対するこだわりが強いと考えられます。どんな結婚生活を送りたいのか、相手に求める条件など、かなり具体的なビジョンを思い描いているという事です。

理想とする結婚生活は特になく、相手に求める条件などもなかったりします。ひと目見てビビッときた！などと言って、直感的に結婚を決める傾向があります。

■ 結婚線の長さは結婚の質も表します

長ければ長いほど質の高い結婚を表し、反対に短すぎれば、結婚の質があまり良くないと言えるのです。

■ 恋のシグナルを読み取る事ができます

結婚線の向きや状態から恋のシグナルを読み解く事ができます。

結婚に前向きな相。結婚運が最高の状態なので、よく見極めて判断すれば幸せな結婚に繋がるでしょう。生活力があり精神的にも安定してます。既婚者は仕事と家庭が両立できて、お金に恵まれた幸せな結婚生活が送れます。

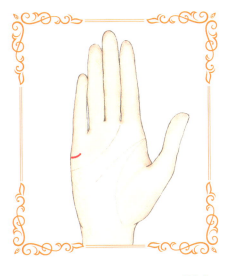

相手への愛情が薄くなってきてる相。長い付き合いなら過剰な心配は必要ありません。既婚者なら話し合いを大切に。独身の方は結婚に対して諦めモードになっているようなので出会いを大切に。

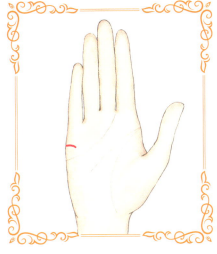

二股に枝分かれした結婚線

付き合う相手と意見が合わず、お互いの心が離れていく相。必ずしも別れるとは限らず、忙しくて会えなくなるだけの事も。理想的な恋愛、結婚を求めすぎずに、自分とライフスタイルが近い人と結婚する事が望ましいでしょう。

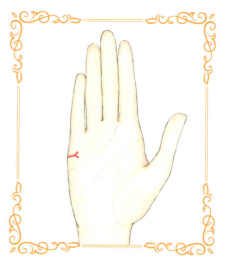

結婚線が切れ切れ

お互いの心が離れていく相。今は無理してお付き合いや結婚しても上手くいかなそうです。相手に飽きてしまったり不満があったりして愛情がぐらついています。しかし一時的な迷いや不安であって必ずしも別れの危機があるわけではありません。

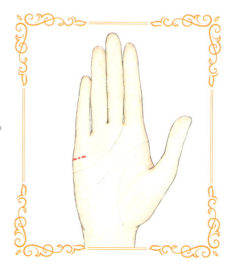

2本の線が1本に合流している結婚線

障害を乗り越えて結ばれる相。周囲の反対、仕事上の問題、経済的な問題など様々な壁にぶつかりますが、最後には好きな人と結ばれるでしょう。先端が1本に合流してハッキリと濃く真っ直ぐに伸びていれば良い結婚となります。

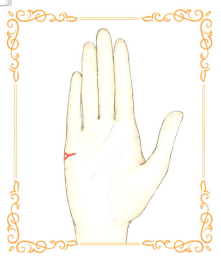

結婚線に縦線がある

今は恋する気分じゃない相。性格や価値観の違いで疲れちゃったという心境になっているのかも。障害を乗り越えていけば上手くいく事もありますが、既婚者や交際が進んでいた場合、その人は運命の相手ではないかも。

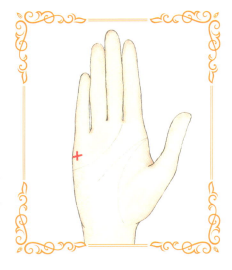

運気は体の先端である指先や頭頂などから入ってきます。幸せを呼び込む為には、指先を綺麗にする事が大切です。ネイルでおしゃれにHappyを呼ぶ術を伝授します☆かわいく指先から幸せに★運の引き寄せ方教えます☆

Form

なりたい自分に合わせて形を整えよう

良縁を求める方や片思いを叶えたい方に、**スクエアオフ型**

恋人との調和や結婚運の向上を叶えたい方に、**ラウンド型**

全体運を引き上げてくれるのは、少し丸みのある**オーバル型**

また、人間関係を重視したい方はスクエアオフがおすすめです。コツコツ頑張る力を強めてくれる効果や忍耐力をアップさせてくれる効果があります。

Point

ハンドケアで手に潤いを

潤いのある手肌は、運気を上げ、逆に荒れた手肌は、運気を下げます。

乾燥は手荒れの原因となるので手や指先にクリームを塗るなどしていつも潤いを与えお手入れを欠かさない事が大切です。お仕事などでネイルカラーがNGでも、爪周りのケアをしておけば、運気は自ずと開けてくるでしょう。

磨いてツヤを出すと更に効果大。

Point

全ての大前提は、清潔感

綺麗にネイルアートしてもケアの行き届いた清潔な爪でなければ逆に爪を不健康な状態にしてしまうのであまりよくありません。爪が折れていたり二枚爪の様に割れていたり指がささくれだらけだと気の流れが悪くなり運気を下げます。

甘皮の処理まできちんと行っていると、金運がアップすると言われています。

爪の先も、なめらかなラインになるよう丁寧にファイリングしておくと、様々なチャンスを掴みやすくなると言われています。

Nail Color & Pattern

ピンク：恋愛UPにはやっぱりこれ

　好きな人と会う時、モテたい時はピンクをつければOK。ピンクはとても優秀な恋愛運カラーで、片思いの成就や良縁の引き寄せ、現在の恋人との仲や結婚運の向上など恋愛におけるすべての願いを引き寄せてくれるラッキーカラーです。

ホワイト：良い縁を引き寄せる、浄化

　良い出会いを引き寄せるには、白。白はよどんだ気持ちを浄化する事で良い運気を呼び込む力があるとされています。気持ちを切り替えたい時にもぜひ。気持ちの浄化や変化を求める時にもおすすめです。

ベージュ：家庭運、結婚運UP

　今の彼と結婚したい！そう願っているならベージュがおすすめ。土の気を持ち、家庭運を上げるカラーです。結婚運を左右する薬指に、ネイルストーンなどのパーツをつけるのもよいでしょう。

Point

ここに注意！
運気ダウンに繋がるNGネイル

　爪のお手入れは運気アップにとても有効ですが、爪の形があまりにも尖っていたり長すぎると、せっかく近寄ってきた運を攻撃して追い払ってしまうので却って運気を下げてしまいます。そして通常のスクエアは角がある為、縁を断ち切り人間関係が悪化すると言われています。清潔感があり、上品に見える程度に整えるようにしましょう。

Nail Color & Pattern

 レッド：勝負の時、やる気、活力UP

　自分に自信を持ちたい時や勝負の時は赤ネイルがおすすめ。あなたを後押しし、積極的にしてくれます。しかし濃すぎる赤は、せっかくの出会いを燃やしてしまう為、長期間つけたままにするのはNGです。

 グリーン：健康運アップ、心身のリフレッシュ

　いきいきとしたエネルギーを引き寄せ引き出します。健康運をUPさせたり心身をリフレッシュしたい時におすすめです。学業や仕事、人間的にも成長したいと考えている方にも効果を発揮してくれます。

 キラキラのラメ系：とりあえずツキが欲しい

　最近立て続けにイヤな事が多い気がする…ネガティブな気分になりがちな時は、ネイルをキラキラにするのが一番有効です。ゴールドやシルバーなどのラメ系、パールがたくさん入った派手カラー色、ツヤツヤのクリアカラーでもOK。指先に光を集める事で、運気アップ、気分までキラキラを狙います。

パープル：人間関係の改善

　人間関係に悩んでいるならパープル。そりが合わない人とも円滑にコミュニケーションを取るにはパープル系が効果的です。パープルで指先を飾れば、大きな心、そして豊かな気持ちを持つ事ができるでしょう。

 ゴールド：金運をUPさせたい

　ゴールドには金運や仕事運などのタイミングを掴む力があるといわれています。身につけている人の才能や魅力を開花させチャンスを引き寄せてくれる力を持っているので、運気や魅力が上昇する事間違いなし☆

 オレンジ：総合的な人間関係UP

　注目を浴びるオレンジ。人間関係を広げたい、自分を知ってもらいたい、社交的になりたい時に効果的。また人に明るく親しみやすい印象を与えてくれます。第一印象を良くするパワーを持っています。

 ブルー：気持ちを落ち着かせ集中力を高める

　精神的ゆとりを持てるようになり、集中力UPが期待できます。新しいチャレンジに向かって集中したい時にもよいでしょう。また、ブルーはダイエット意欲を高められる色としてもおすすめです。

Rika's Message

自分を愛すると、
運命が好転する

Part 4

最新【恋愛・結婚】悩み別！相談事例をSNSリサーチ!!

この一冊で恋愛の悩みが一瞬で解決！
恋手相×恋愛コラムで
彼の気持ちをGETしちゃお♡

Q1

別れてしまった男性と復縁したい。
彼の事がどうしても忘れられません…。

復縁できる？ できない？
ヨリを戻す前兆サイン！

LOOK!
あなたの
結婚線、感情線

A 復縁の暗示！

**結婚線が途中二股に分かれ、
その先に短い線が出ている**

　自分の行いを反省して関係修復の努力をする事で復縁できる相です。彼との間に気持ちの温度差がある時は親密度を高めて。「あなたにしか相談できなくて…」と頼って「自分がいないとダメなんだ」と思わせるようなアプローチをすると復縁の機運が高まります。

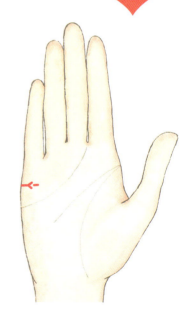

ℬ スムーズに復縁できる

まっすぐ綺麗な結婚線

　線が綺麗で平行であるほど、二人の気持ちのリズムが同じ証拠。スムーズに復縁できます。二人が同じ時期によりを戻したいと感じていても、気持ちに温度差がある場合は、二人だけの秘密を作ると親密度が高まりますよ♡　仮に別れても、再びヨリが戻る相です。

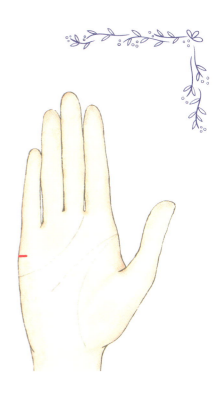

𝒞 幸せが訪れるサイン

結婚線が2〜3本以上ある

　自分から動く事で物事が前進する現れです。思い切った行動が吉♡　勇気を出して、彼にメッセージなどを送ってみて！　連絡のやり取りから会える機会を増やしていきましょう！　積極的な誘いが苦手な人は、小さなお願い事から始めて徐々に距離を縮めていくとよいでしょう。

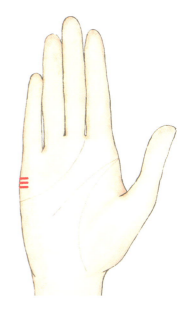

D 復縁できるが気持ちにズレが！

並行な線が薄い、長さや角度にズレがある

お互いの気持ちがすれ違いやすい状態です。彼の気持ちと温度感を合わせる事に集中してみて♡　連絡が取れて会える状況なら、彼にあなたとの共通点や共感できる事、居心地の良さを感じてもらう事が大切！あなたの方から共通点を意識した会話をしていきましょう。

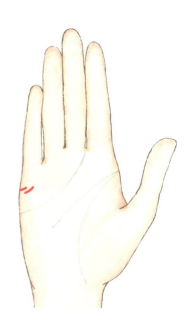

E ストレスを感じたらガマンしないで！

感情線にあるクロス

思い通りにならない不満を抱えている事を表します。生活習慣や運動習慣を変える事で、問題解決へと繋がるので、日頃の習慣から変えていくのがおすすめ！　そのうえで、彼に見せた事のないあなたをアピールして新しい魅力に気づいてもらいましょう♡

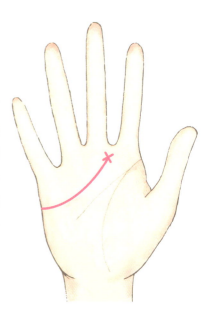

Q2

彼氏が浮気してるかもしれません。
最近、行動が怪しいので不安です。

彼の浮気度チェックと
その回避策!

LOOK! 彼の結婚線、感情線、金星帯

A 異性を惹きつける魅力の高さから浮気しやすいタイプ

結婚線が3本以上ある

異性との出会いや結婚を考える機会が多く、浮気する可能性が高い人。どんな女性ともすぐに打ち解ける饒舌な人なので、気がついたら浮気…なんて事も! あなたが彼を尊敬している事が伝われば、自尊心が満たされて浮気防止に繋がるかもしれません。

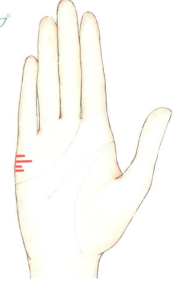

B 自由に生きる性格から浮気の可能性あり

感情線の先が中指側に伸びている

利己的な恋愛になりやすく、束縛されるほど余計に浮気に走る可能性が高いです。不安かもしれませんが、一番の浮気予防は彼の事を必要以上に束縛しない事！　そして、自分磨きを怠らず、魅力的ないい女でいる事です♡　決して都合のいい女にならないように！

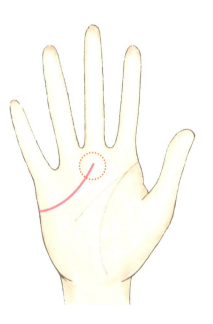

C 性欲が満たされないと新たな相手を求めてしまう

金星帯が細く切れ切れで金星丘下部が張っている

モテるので浮気しようと思えばすぐにできてしまう人。出会いやすい環境にいるので、その気がなくても浮気をしやすい状態にあります。また、金星丘の下部が張っている人は、性欲が強い証拠。怪しい時こそ頻繁な連絡は避けてほどよい距離感でいる事が大切です。

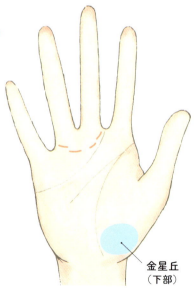

金星丘（下部）

D 浮気しにくい一途タイプ

**感情線が人差し指と
中指の間に伸びている**

　家庭的な愛情溢れる人。好きになった人には徹底的に尽くします。彼の中であなたを差し置いて浮気しようと考える可能性は低いでしょう。とても一途な人なので、軽はずみな恋をする事はありません。仮に誘惑される事があっても、きちんと理性を保てる人です。

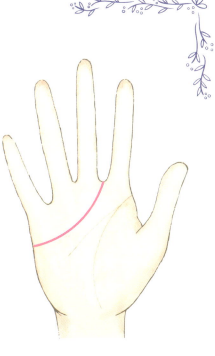

彼は今浮気してる?…
あなたの左手の結婚線をチェック

A	B	C
結婚線の下 細線が1mm間隔に 接近している	結婚線の先端に 3mm程度の 細線がある	A、Bの 2つの細線が ない

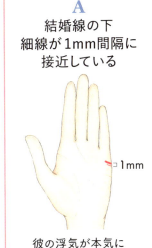

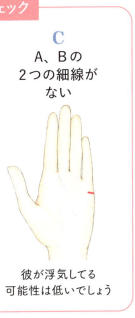

A: 彼の浮気が本気になるかも…

B: 彼は浮気してるかも…

C: 彼が浮気してる可能性は低いでしょう

77

Q3

彼との曖昧な関係を
はっきりさせたいです。
でもどうすれば良いでしょうか?

あの人があなたに抱く思いと
曖昧な関係を終わらせる方法

LOOK!
あなたの
**結婚線と
パートナー線**

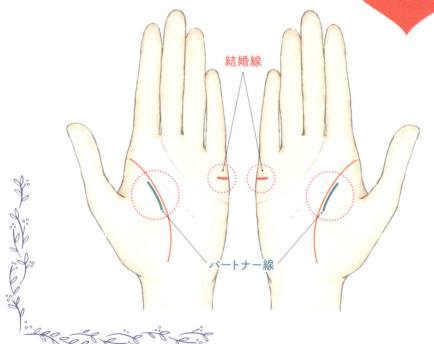

𝒜 恋愛関係に発展の予感

左手の結婚線の色が濃い（ピンク）
＋右手のパートナー線がある

　彼はあなたとの関係を進展させたいと思っている可能性大。曖昧な関係に区切りをつけるチャンスです！　彼の気持ちを聞く事が一番の近道なので、勇気を出してみて♡　今の関係を変えたいなら、一歩踏み出して心のモヤモヤを解消させましょう。

ℬ 曖昧にせずチャンスを掴まえて

左手の結婚線の色が濃い（ピンク）

　彼はあなたの事を大切に思っているようです。しかし、現状に居心地の良さを感じていたり、「このままの関係性でもいいや」と思っている可能性が…。彼との関係を曖昧にしたくないなら、ストレートに聞いてみる良い機会かもしれません。

𝒞 彼を大切に思う気持ちを見せて

左手のパートナー線が出ている
＋右手の結婚線の色が濃い（ピンク）

　彼はあなたを異性として意識しているようです。ただ、彼の中で関係をハッキリさせる自信がなく「自分にはもったいない」と思っているかも。直接彼から答えを聞くのが怖い、先になら、あなたの方から彼を大切に思う気持ちを伝えていきましょう♡

Q4

今、気になってる人がいます。
どうしたら交際に発展していくでしょうか？

ANSWER ↓

この恋は成就する!?
彼との関係を発展させる方法

LOOK!
あなたの
感情線、結婚線

A 相手もあなたの事を気に入ってる可能性が！

**感情線の途中に
太陽丘に向かって伸びる
上向きの細長い線が2本ある**

恋が始まるウキウキとした高揚感があなたを更に魅力的にして、両思いへと導いてくれる暗示♡　思い切って食事に誘ったり相談を持ち掛けて、チャンスを掴んでみて！　相談に乗ってもらったら、その後の結果やお礼を伝える事で関係性を更に深める事ができますよ。

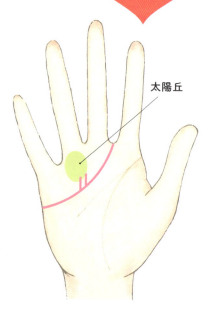

太陽丘

ℬ ギャップ萌えが大事！

**人差し指と中指の間に
伸びる感情線の先端に
下向きの枝線が2、3本ある**

　その場のムードや心の動きに敏感で、ちょっとした事で恋に落ちやすい人。そんなあなたは恋の表現力に優れています。おすすめは、彼の前でいつもと違うギャップを演出する事♡　あなたの新しい一面は、普段の何倍もの好印象となって彼に伝わり、両思いになれるはず。

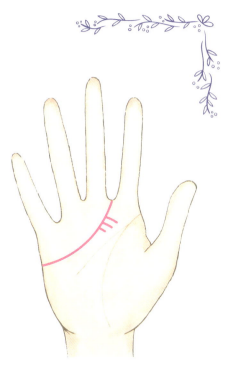

𝒞 趣味と仕事でエンジョイライフ

**小指のつけ根に
短い結婚線が複数出ている**

　今は恋愛よりも趣味や仕事に没頭した方が楽しく過ごせそう。無理に恋愛モードにすると、相手の嫌なところを一つでも見つけた途端に気分が下がる事も。この時期の出会いは、自分を良く知る友人などが紹介してくれる相手の方が上手くいきやすいです。

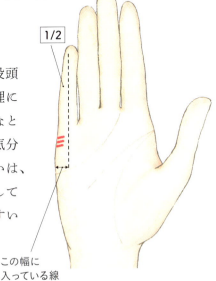

この幅に
入っている線

Q5

好きな人を振り向かせる
アプローチ方法が知りたいです！

あなたの長所を活かす
効果的なアプローチ方法

あなたの
頭脳線

A 積極的に自分からアプローチを

頭脳線の起点が生命線から離れている

　積極的で大胆、エネルギッシュで自信家なタイプ。行動力に溢れていて、ジッとしているのが苦手です。休日も進んで出歩くなど、動き回る事が多い人です。

――― アプローチ方法 ―――
・自分からストレートなアプローチをする事です。
・活発に動いている時がもっとも輝いている状態なので活動的に。
・告白はしづらいと感じたら、ラインしたり遊びに誘ったりするのでもOK。

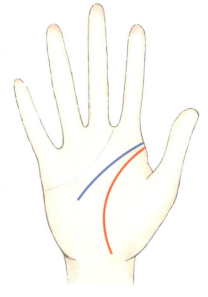

ℬ 会話重視のアプローチを

頭脳線の起点と生命線の起点が一致している

　大胆さと慎重さを併せ持つ、バランスのとれた性格の持ち主。普段は慎重に動きますが、ここぞという時には大胆な決断ができる人です。

アプローチ方法
- 相手と語り合う事、相手を知る事が必要です。
- 迷ってる間にチャンスを逃しやすいタイプなので相手を知ったら、自分から誘ってみて。
- 遠距離恋愛なら二人の適切な距離を保ち様子を見ていくと良いです。

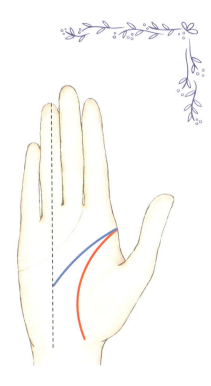

𝓮 ラインなどの間接的アプローチを

頭脳線が生命線の少し下の位置から出発する

　警戒心が強く、慎重に考えて行動するタイプ。自分の気持ちを前に出す事が苦手ですが、心の奥底には人を惹きつける強い魅力を持っています。

アプローチ方法
- まずは、好きな人とはラインのやり取りを重視。
- 相手には好意的な姿勢を示し、できるだけストレートな言葉で好意を伝えましょう。
- 恋愛ベタな人は、回りくどい言い方や中途半端な態度に注意です。

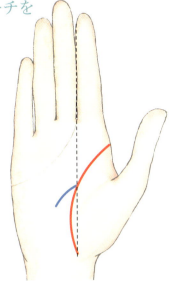

会う回数を重視！

右手マスカケ線

　自分の考えをしっかり持っているので、深みのある女性という印象を与えます。他の人にはない世界観を見せてくれるので、ずっと一緒にいても飽きないのが魅力です。

――― アプローチ方法 ―――

・笑顔で挨拶＋一言添える事を続けて相手から話しかけたいと思わせてみて。
・自分の好みは伝えるけど彼を立てる事を忘れず価値のある女という印象を上手に植え付けていきましょう。

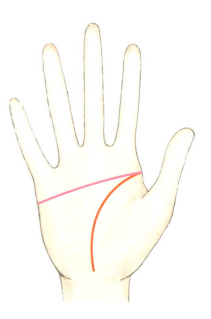

ℰ　ギャップ重視！

左手マスカケ線

　裏表がなくてモテるタイプです。しかし、恋愛よりも仕事を優先しがちなので「自分といるより仕事している方が楽しそう」という印象を相手に与える事も。

――― アプローチ方法 ―――

・彼に頼る事を忘れずに、甘えてみて。
・いいね！行ってみた〜い！など誘いやすい可愛い相づちを心がけて。

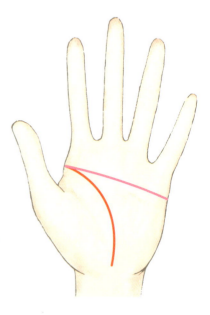

Q6

好きな人を忘れる事ができません。
別れた彼を早く忘れたい…。

未練を断ち切る方法と
次の恋へ進むコツ！

LOOK!
あなたの
感情線、運命線

A 無理に忘れようとせず
時が解決するのを待ちましょう

太陽丘の下に
感情線から伸びる支線があり、
頭脳線に到達している

彼を忘れようと強く思っているうちは、余計に彼の事が頭から離れません。今は無理に忘れようとせずに、自然と時が解決するのを待つ事が大事。人は誰でも今が一番大切です。あなた自身の心を大切にしながら、好きな事をして心穏やかに過ごす事を意識してみて。

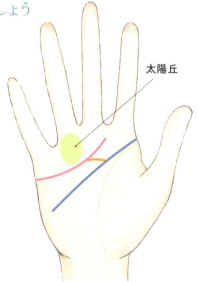

太陽丘

B 予定をたくさん入れて過ごすようにするといいかも

感情線から切れ切れの支線が金星丘に入る

今は気持ちの切り替えが難しく、過去の記憶として刻まれるまで時間が必要な時です。注意なのは焦って新しい相手を見つけようとする事。失敗する恐れがあるので、今は没頭できる仕事や趣味で時間を埋めてみて。次の恋愛の為に自分磨きに集中するのもいいでしょう。

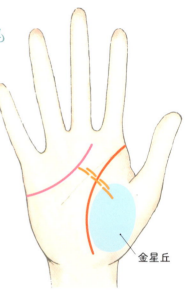

金星丘

C 無理に環境を変えず自分の時間を大切に

感情線の先端が細かく房状にボサボサしている

失恋の痛手から何も手につかなくなったり、次の恋に二の足を踏んでいるサイン。失恋は新しい恋で忘れるのが一番ですが、今は「しばらくそっとしておいて！」という気持ちになっているでしょう。無理に環境を変えず、自分の時間を大切に過ごしましょう。

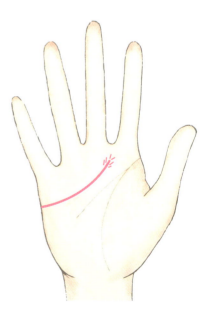

Ⓓ やりたい仕事を追いかけて

マスカケ線

　魅力的でモテますが、この人！と決めたら一途。ただ、熱しやすく冷めやすいので、恋愛が長続きしない事も。仕事運が強いので、今はスキルアップの為の努力やビジネスチャンスを狙うのが吉！　新しい恋より仕事を追いかける方が未練を断ち切る近道になるでしょう。

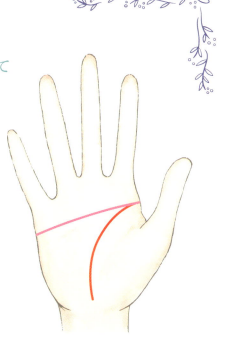

Ⓔ 彼との思い出を手放しましょう

月丘からの影響線の先端が運命線と交差し突き抜ける

　この恋はあなたに合っていなかったのです。少しでも前を向けるように、彼との繋がりや思い出、執着は勇気を出してすべて手放しましょう。そうする事で、辛かった気持ちが一転、晴れやかになるはずです。次の恋に進む為に、このまま暗闇で立ち止まらないで！

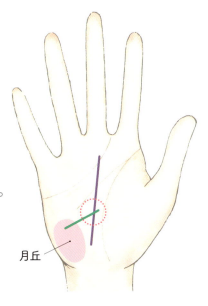

月丘

F 自分と向き合ってみましょう

**感情線から下向きの支線が
何本も出ている**

　責任感が強く優しい人なので、自分を責めてしまったりして失恋からなかなか立ち直れません。中途半端に立ち直ったフリをするのは禁物。我慢せず、思い切り泣いてみましょう。落ちている自分に飽きたような感覚が生まれたら、すでに立ち直っているはずです。

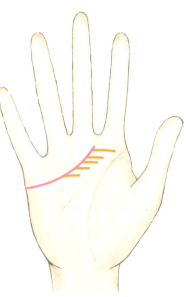

G 考える時間を無くして！

**頭脳線の先端から
細くて薄い下向き線がある**

　今は1人になると、つい考えてしまう時。気持ちは乗らないかもしれないけど、人と会う事が大切。心を許せる友達や、気兼ねなく話せる人となるべく一緒に過ごしてみて。空き時間に電話したり、内に溜め込まない時間を積み重ねれば、新しい出会いがあなたを待っているはずです。

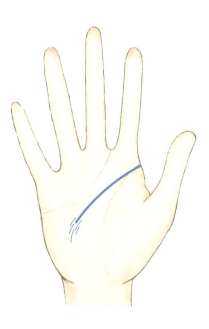

Q7

彼氏とのデート代を
私が全て出している事に
モヤモヤしてます…。

貢ぎ癖があるかも?!
ダメ男に沼りやすい度診断

LOOK!
あなたの
中指と薬指の間、
太陽線、感情線

A 金運が良い為 ついプレゼントしちゃう

中指と薬指の間から伸びる縦線（貢ぎ線）がある

　彼が愛情表現をしてくれないと不安になり、つい尽くしすぎて貢いでしまっていませんか？　二人の愛情バランスが崩れてしまうと彼の気持ちが離れてしまう可能性が…。自分の中で「してあげてる」と感じた時は要注意！　「尽くさなくても離れていかない」と自信を持って！

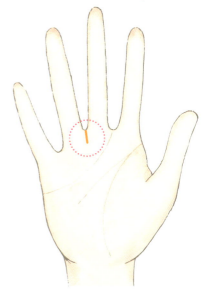

B 金運は良いが「お金貸して！」には注意を

薬指まで太陽線が伸びた状態

貢ぎ線 (p89) より少し深刻な相です。金運が良い為、頼られる事が多いですが、相手の為にならないと思って貸さないよう気持ちをしっかり持つ事が大事。付き合いが長くなれば情も出てきますが、良好な関係性を持続させる為にハッキリと断りましょう。

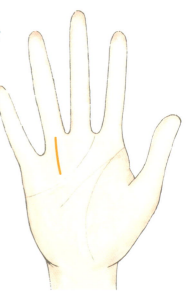

C 自分を大切にしてきらきらと輝く"愛され女"に！

感情線が人差し指と中指の間に入る

本当に好きになると、自分の事以上に相手を優先し、尽くしてしまう性格です。気づけば言いたい事を我慢したり、嫌な事に付き合ってしまい、必要以上に無理をしてしまう事もしばしば。付き合いの中で嫌な事があった時は、彼にハッキリと気持ちを伝えましょう。

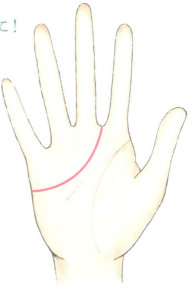

ダメ男に惹かれる!?
こんな手相も要注意！

何本も結婚線がある中で、一番太い線が下降している

　異性を見る目が曇っていて、ネガティブ思考に陥りやすくなっています。ですが、恋愛運や結婚運が悪いわけではありません。悩みを抱えて辛くなった時は、信頼できる人に相談してみて。これまでとは違う景色が広がり、心が軽くなるはずです。

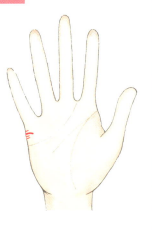

結婚線が4本ある

　恋多き女性の相です。男性に対して物怖じせず、円滑なコミュニケーションを取れるのでとてもモテます。その反面、ダメな男性にも惹かれやすく貢ぎやすい傾向も。恋をするのは良いですが、のめり込んで自分を見失わないように！

感情線が人差し指のつけ根に伸びている

　仕事ができて管理能力にも優れ、愛情深い性格の持ち主。彼の事は何でもやってあげたくなるからこそ、ダメンズ要素がある人に惹かれる事も。恋愛も仕事もバランスが大切。恋愛に依存していると感じたら、一度冷静に自分の気持ちと向き合って。

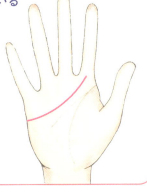

Q8

彼氏が欲しいのですが、
なかなかできません。
いつ彼氏ができるのでしょうか？

彼氏ができる前兆と
出会いを引き寄せる方法

LOOK!
あなたの
感情線、運命線

A 頻繁に連絡を取り合う人の中に 運命の人が！

**感情線の先や全体が
ピンク色に染まる**

次の恋がもうすぐそこに来ているサイン。いつ恋人ができるかはあなたの気持ち次第！ 恋人ゲットの為に動き始めれば、ほどなく恋人ができるチャンスが訪れるでしょう。ステキな男性がいたら勇気を出して行動を。

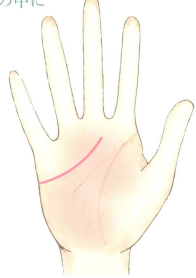

B 恋の準備期間は終わらせて！

**運命線が途切れて、
分割して互い違いになる**

運命の転換期が訪れています。今、恋の準備期間にいるあなた。自然体のあなたが放つ魅力は恋を引き寄せますが、あなたらしさが発揮できるようになったなら恋愛をする準備は完了。恋のチャンスが通り過ぎてしまわないうちに、チャンスをしっかり掴みましょう♡

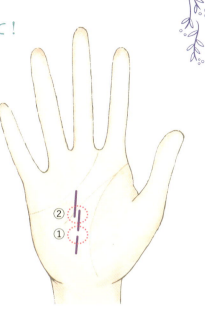

C 悩みすぎると恋が遠ざかる暗示。気楽に考えてみて！

**中指までしか伸びてない
直線的な感情線**

今のあなたは恋愛を難しく考えすぎている傾向があります。本来のあなたは恋人がいなくても人生を楽しめる自立した女性です。恋愛をしたいなら、あなたのペースを理解してくれる人からのアプローチを見逃さない事が大切。そこが恋のタイミングでありチャンスです♡

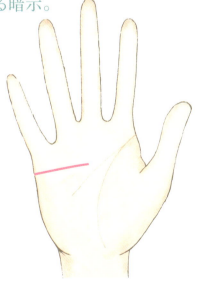

Q9

彼氏からの連絡が減ってしまいました。
どうしたら良いか悩んでます。

連絡がない時の対処法と
彼の心を取り戻す方法!

LOOK!
あなたの感情線、
運命線、生命線、
結婚線

A 焦らず慎重に行動して!

感情線に島やクロスがある

不安になりやすく心が落ち着かない状態です。悪い方に考えてしまいがちなので、こんな時は信頼できる人に相談してみるのがおすすめ。彼に対して普段通りの対応ができている場合は、不安な気持ちをストレートに伝える事で、良い方向に物事が進みます。

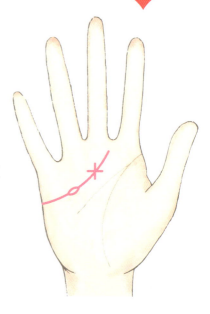

B 楽観的に考えて待ってみて

**運命線に伸びる影響線が
切れ切れ**

　自分では思ってもいない事が発覚しやすい時です。しばらく様子を見ていた方が良いでしょう。無理して状況をはっきりさせようとすると、あなたが傷ついてしまう恐れがあるので注意が必要。不安かもしれませんが、落ち着いて待つ事が今は一番大切です。

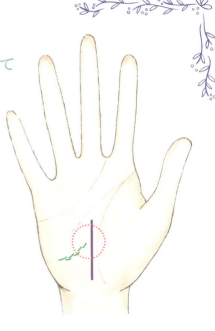

C 待っていても良いけれど何か一つアクションを

**生命線の内側にある
パートナー線が離れていく**

　恋愛運が下降しているサインです。状況を好転させるには、新鮮な空気を取り入れるような気持ちで、普段は行かない場所でデートをしたり、スキンシップを増やして彼に出会った頃のときめきを思い出させる事♡あなたから素直な気持ちでアプローチをしてみて。

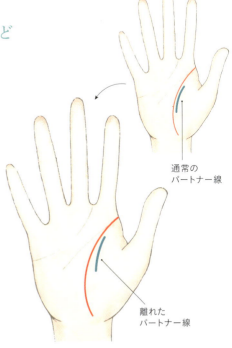

通常の
パートナー線

離れた
パートナー線

ⓓ 決断の時!? 彼とよく話し合ってみて

結婚線が垂れ下がり感情線に接する

この相が現れている時は、相手に不満はたくさんあるのに腐れ縁のような状態でなぜか別れられないというケースが多いです。放っておくと泥沼化しやすい為、本当はどうしたいのかをよく考えて彼と話し合ってください。内容によっては決断する潔さも必要です。

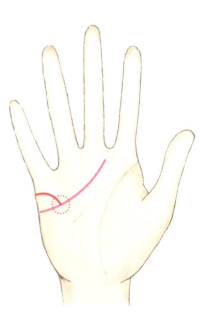

ⓔ 正直な気持ちを伝えて！

左手の結婚線が下がる

彼があなたに不満を抱いていて、このまま関係を続けていけるのかを考えている状態を示しています。関係を修復させるには、今の気持ちを素直に伝えるのが吉。会えない時間は、自分磨きをしたり、彼以外の楽しい時間を作ってみて。自信と余裕を持って接すれば、彼の気持ちも戻るはずです。

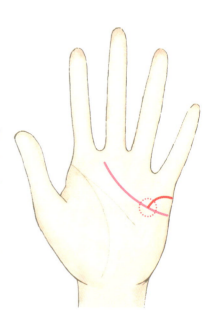

Q10

愛人生活をしているのですが歳が離れすぎて恋愛にはならず…。私には何歳くらいの人が合いますか?

あなたと相性ピッタリの恋人年齢診断!

LOOK! あなたの生命線、頭脳線、結婚線

本気の恋は楽しくいられる同世代

A 同世代と気が合うタイプ

生命線と頭脳線が1cm未満で離れている

しっかりした性格なので、年上に気に入られたり、年上からの誘いも受けやすいです。ですが、相性が良いのは同年代の人。最終的には経済的な安定よりも日々の楽しい時間を重視する傾向があるので、今を一緒に楽しめる同世代の人を選ぶ事になるでしょう。

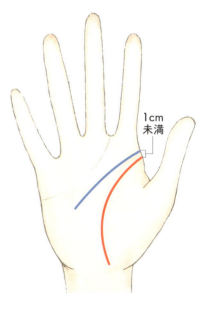

1cm未満

年上に守られたい人

ℬ 自分で道を切り開くより年上に守られて生きるタイプです

**生命線と頭脳線が
くっついて出ている**

年上の人と縁があり、安心感に包まれて生きていけます。あなたは相手の立場に立って物事を考える事ができる気配り上手なタイプ。気配りができるところを魅力に感じてくれて、経験豊富で経済的に安定している年上との相性が良いので、チャンスがあれば逃さないで♡

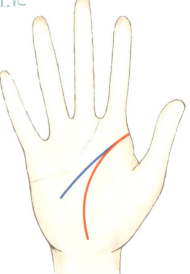

年下の面倒を見たい

ℯ 相手の面倒を見るのが喜びで、また年下と縁がある人です

**生命線と頭脳線の始点が
ほんの少しだけくっついている**

人の世話を焼くのが得意な女性で、しっかりしたタイプの年上男性では気持ち的にも満たされない傾向があります。あなたの心を満たすのは、自分を必要としてくれる人。相手の面倒を見る事に強い喜びを感じるので、恋愛でも年下の人の方が相性は良いです。

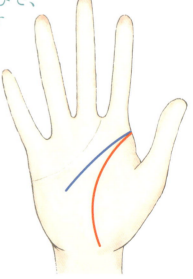

D 年上、年下 どちらもありだけど…

結婚線の上下に短い平行線がある

年齢が極端に離れた人と付き合いがちです。恋愛に年齢は関係なく、フィーリングが合えば付き合う事に抵抗はありません。ただし、不倫など結婚の形を取る事がない、型にはまらない自由な恋愛を楽しみたいタイプなので、トラブルに繋がらないよう注意しましょう。

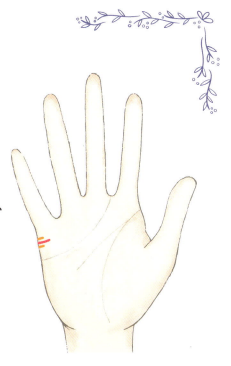

愛人気質をチェック

感情線の先が親指の下に向かって伸びている人は、惚れっぽくて情が深い愛人気質なタイプです！

このように伸びている線を愛人線と呼びます。愛人線のある人は、熱しやすく冷めやすい恋愛をする事が多く、不倫をする可能性も高いです。淋しがり屋で情が深く、欲しいものは人のものであるほど燃え上がるタイプで、結婚してもその恋愛体質はあまり変わらないでしょう。

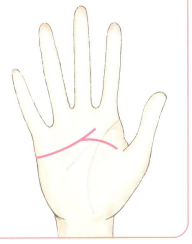

Q11

二人の人を同時に好きになりました。
私には、どちらの彼が
合っているのでしょうか？

LOOK!
あなたと彼の
相性診断

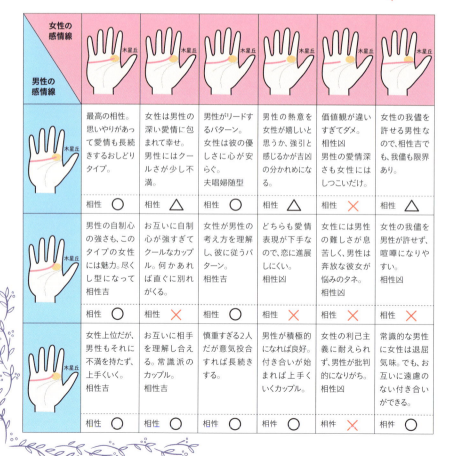

男性の感情線 \ 女性の感情線						
	女性がリードしないとダメ。結婚したらカカア天下になり吉	女性が男性に対して威張りがち。男性がついていけない事もある。	面白味には欠けるが互いに理解しやすく真面目な交際になる。相性吉	積極的すぎて結ばれ難い。女性が積極的に出れば上手くいく。	男性の気の弱さが腹立たしく、女性が男性をバカにしがち。相性凶	男性は女性の我儘にお手上げ。女性は男性にもの足りず。相性凶
	相性 ◯	相性 ✕	相性 ◯	相性 △	相性 ✕	相性 ✕
	打算的で冷たい男性に女性は振り回されて傷つく事も。相性凶	男性を独占できず、女性が不満を抱きがち。相性凶	女性が男性の行動に干渉しがち。それを抑えれば相性は悪くない。	女性が男性を立てるようにすれば、亭主関白型のカップルで上手くいく事もある。	衝突する事も多いが、友達感覚で恋はできる。相性吉	個性的な者同士で案外上手くいく。お互いに良い影響を与え合って、相性吉
	相性 ✕	相性 ✕	相性 △	相性 △	相性 ◯	相性 ◯
	我儘を許せる女性の寛大さに、男性は才能を十分に発揮できる。相性吉	女性が口煩わしくなりやすい。それを直せば上手くいく。	女性は男性のユニークさに尊敬の念を抱き男性リードで相性吉	男性の素直さがきつく感じられ、女性はついていけない。相性凶	お互いに刺激し合って。結構上手くいくカップル。相性吉	似たもの同士なので上手くいくか、反発し合うかのどちらかの相性。
	相性 ◯	相性 △	相性 ◯	相性 ✕	相性 ◯	相性 △

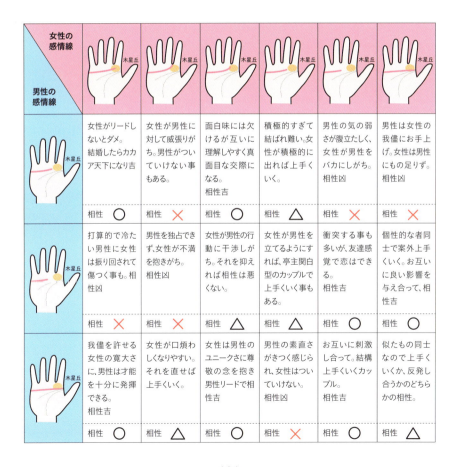

Q12

彼氏が結婚すると言ってくれていたのに
なかなか行動してくれません。
彼とこのまま付き合っていいのかな
という気持ちになっています。

彼との将来図は描ける?
彼の本音と恋愛傾向

LOOK! 彼の感情線

A きっかけ作りがポイントに

感情線が人差し指と中指の間に伸びている

彼はお世辞をあまり言わないかもしれません。ですが、実は親身な行動で温かい愛情を示すマイホームパパタイプ。このタイプとの恋愛を進展させるにはきっかけが重要。何らかのきっかけやタイミングが合えば、あなたと「結婚したい」と思う可能性が高いですよ♡

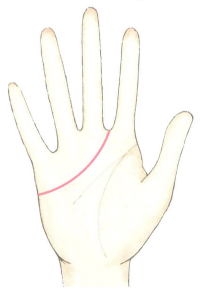

B 直感型の彼はタイミング重視

感情線が短い

　些細な事で、直感的に結婚を決断するタイプ。決断後の行動は早いですが、具体的な話をしないと結婚話にならないかも。とはいえ「結婚話は重いかな」なんて遠慮はNG！　様子を見つつ本音を伝えて「ダメなら次！」くらいの気持ちで。結婚したいなら本音で話す事も大切です。

C 恋愛に理想を追い求める人

**感情線が人差し指の
真ん中まで伸びている**

　理想を追い求めて婚期を逃す可能性あり。考えすぎて行動できなかったり決断できない事も多いようです。結婚して上手くやっていけるか？ 妻と子どもを食べさせられるか？ など、数々の不安がよぎるので、彼の決心を待っていたら数年経ってしまう、なんて事も…。

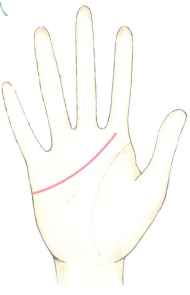

D 愛情と情熱パワーが2倍！

二重感情線

大きな愛情と情熱を持つパワフルな人。人一倍情熱的なタイプなので感情の起伏が激しく見える事がありますが、実は先々の事を見通し、冷静な判断を下せる人です。心の器が広い人なので多少の事では動じません。あなたが今不安に思っている事を、そのまま伝えてみてください。

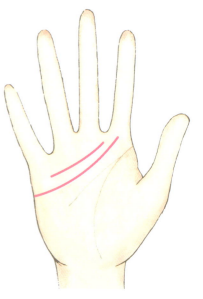

E 個性的で強い信念を持つ変わり者

マスカケ線

彼はまさしく仕事人間。恋愛中はそんなところも魅力に思えるかもしれませんが、結婚後は家庭を顧みなくなる恐れがあります。また、彼の気質を理解して的確な助言をしなければならない事も多いでしょう。その点を念頭に置いて、彼との今後を決めてください。

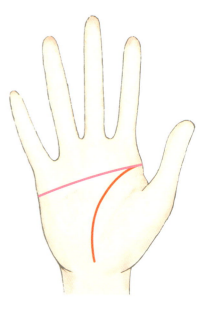

Q13

彼との結婚に迷っています。
この先一緒に居たいとは
思っているのですが…。

彼と結婚しても良い？
結婚したらどんな夫になる？
結婚後の幸せ度をチェック！

LOOK!
彼の
感情線、生命線、
結婚線、頭脳線、
金星帯

A 理解と安らぎのある家庭を築いていけそう

感情線が人差し指と中指の間に伸びる

優しくて思いやりがあり、愛情深い人。仕事も真面目です。結婚したら家庭を優先して考えてくれるマイホームパパになります。子育てに協力的で家族サービスも進んでしてくれるタイプ。パートナーとして仲良くやっていく為に、欠かせない条件が揃っています。

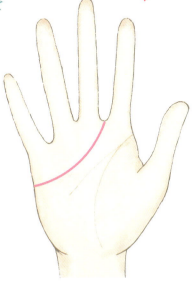

B 家族を大切にする人

**感情線が木星丘の
中央あたりに伸びている**

　家庭に対する責任感が強く、家族みんなを守ってくれる包容力のある人です。結婚に向いているので、たとえ自分の仕事が忙しくても、家族の事を考えて行動してくれる事が多いです。家族サービスもきちんとしてくれるので、楽しい結婚生活が送れるでしょう。

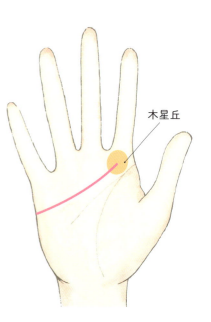

木星丘

c お互いの時間を大切にする事で豊かな人生を築く結婚に

生命線の先が月丘側に流れている

　彼は楽しい事が好きな人。休日は彼女と二人で静かに過ごすより、友達と賑やかに楽しみたいタイプです。自分は自分、彼は彼と割り切って、それぞれの時間を楽しんだ方がお互いにストレスなく付き合えます。その境界線を上手く引けるかどうか、が鍵となるでしょう。

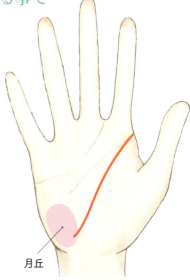

月丘

D 地味で大人しい人

頭脳線が月丘に入る

じっくり考えてから行動するマイペースタイプ。安易な行動はせず、先々の事までしっかり考えてから着実に実行できる人です。月丘に垂れ下がるほど迷いやすく、決断力には欠けますが、その点をあなたがフォローしていくような関係が作れると、相手と良い家庭を築いていけるでしょう。

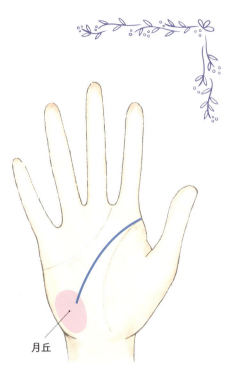

月丘

E 考え方を確認し合うと幸せな結婚が見えてくる

ハッキリした結婚線に複数の障害線が出ている

お互いに結婚したいと思っていても、周囲の反対や経済的な問題が出たりして思うように進まないかも。そんな状況を不安に感じるかもしれませんが、あなたと彼なら乗り越えていけるはず。まずは結婚の約束をして二人の問題解決に着手した方がいいサインです。

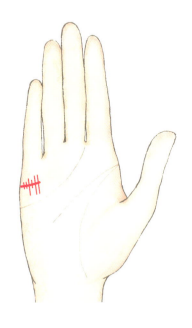

F まずは結婚後の目標を立てて課題を洗い出すと良さそう

切れ切れの金星帯に太陽線が横切っている

金運が落ち込み、いろいろと出費がかさむ相。特に女性関連の出費が多くなり、お金がどんどん減っていく恐れがあります。派手な交際やお金に糸目をつけない生活環境は改めさせましょう。慎重にお金を使う事で、金星帯が修復されて無駄遣いがなくなるはずです。

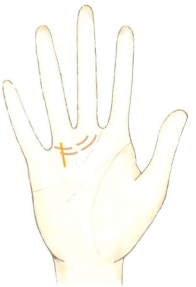

G なかなか結婚に踏み切れない相

結婚線が下向きで複数ある

結婚のチャンスは何回か巡ってきてはいるものの、本人が尻込みして話が流れやすい傾向があります。結婚の話は出ているものの、話を濁したり、返事を保留してしまい、自分から避けて通っているのです。チャンスがあれば一度じっくり話してみるのがおすすめです。

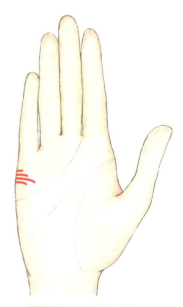

彼との相性チェック！P100へ

Q14

婚活を頑張ってます！
玉の輿に乗れる
女性に現れる手相はありますか？

玉の輿に乗る
女性に現れる手相

LOOK!
あなたの
結婚線、感情線

A 玉の輿に乗れる可能性大！

**結婚線が太陽線に接触する
玉の輿線がある**

　日々の努力がいい形で実る相。社会的地位や名誉がある人と巡り合う可能性大♡　結婚すれば、運勢が更に大きく好転します。結婚の好機を逃さないよう、日頃から自分磨きを忘れずに。結婚線が太陽線を少しでも突き抜けていると、玉の輿線にはならないので注意。

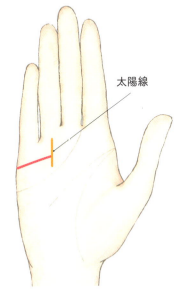

太陽線

ℬ お金持ちの男性から好かれる女性！

感情線に３つの島が重なる
（薬指と小指の間）

人の気持ちを見るのが早く、その場の雰囲気を直感して機敏な行動がとれる人です。閃く才能で先手を打ったり、相手を上手に楽しませる才があるので、世才や商才を生かす商売、外向、水商売に打ってつけの相。玉の輿に乗れるタイプなので、お金持ちの男性と出会える場所に行ってみて！

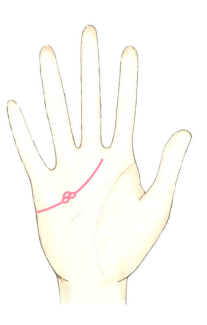

𝒸 生活が安定する幸せな結婚ができます

太陽線に接触している結婚線の近くに格子状の細かい線がある

玉の輿は難しいですが、安定的な生活を送れるあなたには、幸せな未来が待っています。結婚まで焦らず進めていく事が大切♡ 趣味を極めたり、自分自身の意識を高めるよう意識してみて。ただし、結婚線が太陽線を少しでも突き抜けていると、この相には当てはまりません。

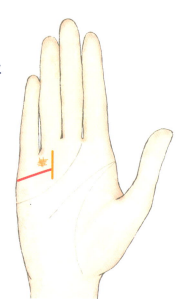

Q15

結婚を決めた彼が
急に転職したいと言い出しました。
この結婚大丈夫なの？

結婚後の生活は安定する…？
彼の仕事運をチェック！

LOOK! 彼の**運命線**

A 社会に出て活躍するタイプ

運命線が一本真っすぐ伸びている

　一つの道を歩み続ける人で、目的意識を持って仕事に打ち込みます。自分で人生を切り開いていける力がある人です。今は自分から進んで転職するよりも、現在のまま努力を続けた方が、良い結果へと繋がります。

アドバイス

目標に向かってブレる事なく進んでいける彼なので、様子を見ながら応援するのが吉。ただし、彼はなんでも抱え込んでしまうタイプなので、落ち込んでいたら励ましたり、支える事を心がけて。それができれば、結婚も近づきます。

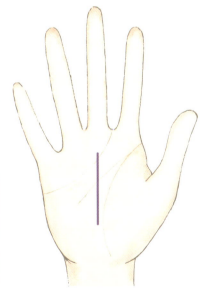

111

ℬ 自立心があり頼もしい人

運命線が出ていて、しっかりと長い旅行線が2〜3本出る

束縛が嫌いな自由人。転職は給与面や会社の知名度、規模などの条件を優先すると失敗する可能性あり。それよりも仕事内容に着目して。「この仕事が好きだから」「やりがいのある仕事だから」という気持ちで転職に臨むと成功する確率が高まります。

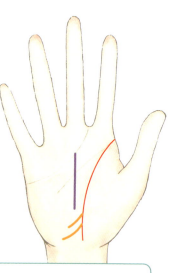

アドバイス

転職をしたいという彼の決断を妨げる事は避けた方が良いでしょう。どうして転職したいのか理由を確認して、彼の話に一貫性があるなら背中を押してあげましょう。結婚の事はプレッシャーを感じさせないよう、さり気なく聞くのがおすすめです。

𝒞 変化の多い人生を歩む人

切れ切れの運命線が切り替わりながら切れた先の線がハッキリ伸びている

変化の多い人生を歩むタイプ。自分探しの旅の途中です。持続力に欠け、転職を繰り返す人が多いのもこの手相の特徴です。しかし、強い信念があり理想に向かって行動できる努力家の一面も。転職する度に着実にキャリアアップや発展に繋げていきます。

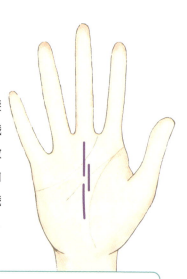

アドバイス

転職したいという事は、彼にとってやりがいを見出す道の途中。「転職したい」背景には、自分に合う職場を見つけたなど、様々な理由が考えられます。縁のある仕事に出会えるまでは、根気よく、一緒に悩んで話し合いをしていく事が大切です。

ⅅ 目標が定まってない

切れ切れの運命線で
切れた先の線が弱々しい

今の彼は、仕事にやりがいを見つけられていない状態です。ステップアップして明るい未来を開けるかどうかは、一生続けたい仕事と思えるかが重要な判断ポイントとなりそう。そのような仕事に出会えれば、転職して運勢を好転させる事ができます。

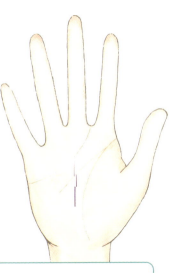

アドバイス

彼にプレッシャーをかけてしまうと、仕事もプライベートも中途半端になってしまうかも。温かく見守るという姿勢で、彼の転職理由を聞いてみて。明確なビジョンがない場合、転職しても今と同じ状況になる可能性が高いので、注意が必要です。

ⅇ 二つの人生

一か所が切れている運命線

元々二つの道が用意されている運勢の持ち主。仕事や結婚、独立などによって環境の変化が起きやすいです。その時期は、117ページの流年法で見てみましょう。切れた先がハッキリきちんと伸びていたら、転職後も自分の道を進む事ができます。

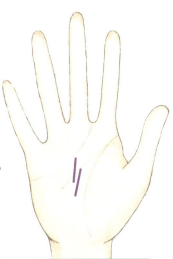

アドバイス

彼は、今の環境にすごく悩んでいる可能性が高いです。彼に寄り添い、選択の幅を広げていきましょう。転職する場合は、生活設計を入念に立てて実行に移す必要があります。最終的に決定するのは、彼自身である事を忘れないように。

F 多方面で活躍!!

運命線がたくさんあり、どの線もはっきりと力強い

多方面での活躍が期待できますが、持続力に欠けるので仕事が変わりやすいタイプ。一本の道をひたすらに進むか、変化しながら進むかの違いなので、決して悪い相ではありません。やりたい事を我慢せずにやって生きるのが性に合っているタイプです。

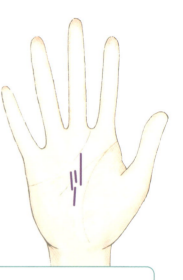

アドバイス

彼は仕事を変えていく事で着実に力をつけ、発展していける人です。彼が転職したい場合はその理由を聞き、気持ちを理解したうえで、貯金をしてから転職するなど、じっくりと具体的に話し合う事が大切です。

G のんびりとした人生

運命線がほとんど見えない

控えめで臨機応変な対応ができる人です。のんびりとした人生観の持ち主なので、自分で人生を切り開いていくのは苦手。どちらかというと、流れに身を任せて生きている人が多い傾向があります。協調性が高く、与えられた環境に順応できるタイプです。

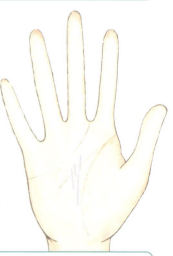

アドバイス

目標が定まらず迷いやすい一面があります。その為、彼を立てつつ引っ張っていけるような関係性がベスト。転職については自分の確立した夢なのか確認してみて。将来のビジョンを見つけて、飽きない仕事が見つかれば、安定した生活が送れるはずです。

H 運命が不安定

薄い運命線が複数本ある

仮に転職しても、一か所に落ち着く事ができません。その為、一生のうちに何度か転職を繰り返し、将来の見通しがどんどん立たなくなる、という状況に陥りやすい為、注意。転職の動機は仕事内容ではなく、お金の為にという場合が多いようです。

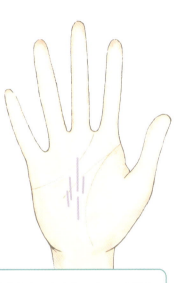

アドバイス

やりたい事がハッキリしない為、精神不安定になりやすいタイプ。ストレスを溜めやすく言いたい事を言えない…という事もあるので、彼の話をじっくり聞いてみて。飽きの来ない仕事が見つかれば、一転落ち着いて安定した生活が送れます。

I 周囲との和を大切にする人

薄い運命線

彼は協調性が高く、周囲との関係性を大切にするタイプですが、打たれ弱い一面も。元々、薄い運命線の人は世の中の厳しさに負けてしまう、逃げてしまう傾向があります。その為、たとえ転職しても、同じ理由で辞めて転職を繰り返す事も多いです。

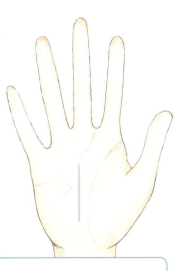

アドバイス

まず、彼が転職を決断した理由をはっきり聞いてみましょう。本当にやりたい仕事があって転職するなら、新しい職場で認められるまで頑張れるよう、支えてあげてください。転職理由が人間関係なら、また同じ繰り返しになります。

𝒥 転職は失敗しやすい

**運命線に障害線が
たくさん出ている**

　転職する可能性大。この手相は、人間関係のトラブルや上司や周りから評価されない事を表します。辞めて転職しても、同じ理由で辞める事になるので注意。手のひらがピンクなら良いですが、青白かったり黒色に見える部分があると転職は失敗します。

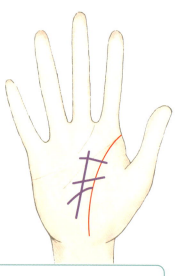

アドバイス

彼は、仕事の責任感やモチベーションが高いタイプ。ですが、独りよがりになっていたり、悪い方向にいっている可能性があります。手相は仕事の失敗や挫折、プレッシャーを受けている事を表しているので、仕事のやり方を客観的に見つめ直す事が大切です。

運命線の流年法で時期をチェック！

　流年法とは、その線上に現れる特徴やサインの位置から、出来事が起こる年齢や時期、運勢を読み取る方法です。

①手首線と中指の付け根の中間を30歳とする。
②手首線と中指の付け根までを4等分して、下から4分の1を21歳、4分の3を52歳とします。
③その中間をそれぞれ25歳、35歳、70歳と見ます。

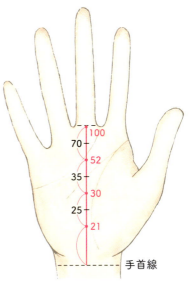

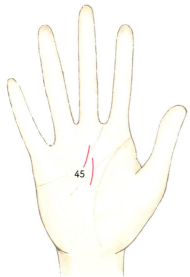

切れた運命線

　感情線と頭脳線の中間点は、45歳。

　この箇所で運命線が切れているなら45歳の時に結婚、転職、就職、独立など環境の変化が訪れます。線の切り替わりが大きければ大きいほど人生の大きな変化となります。

Q16

将来、幸せな人生を送れますか?

今後の運気をチェックと
幸せな人生を送る秘訣!

LOOK!
あなたの
感情線、頭脳線、生命線

A 自分の周りを巻き込み運気UP

感情線の先が綺麗に三つに分かれてフォークのようになっている

自分の周りを巻き込んで運気を上げられる時。極力一人での行動を避けて、誰かと一緒に行動しましょう。人伝いに、思わぬところから良い情報や恋愛話が舞い込んだり、仕事がスムーズに進みやすくなります。感情線の先が二つに分かれていても同様の傾向があります。

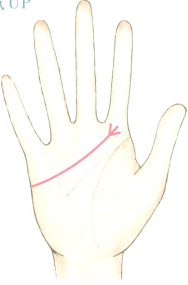

B 行動する事が幸せな人生を切り拓く鍵に！

頭脳線が長い

考える力に優れている反面、悩みがちな人。行動する前に未来への不安が過り、行動できていないかも。不安をメモに書き出して、思考を整理してみて。頭脳線がハッキリ出ていたら悩み抜いた後に答えが出せる証拠。不安定な線の場合、悩む自分に悩む可能性があります。

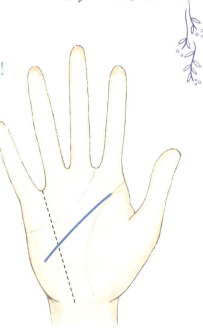

C 自分の内面を見つめる事が幸せに繋がっていく

生命線を横切る細い線が たくさん出ている

ストレスが爆発寸前！ あなた自身からSOSが出ている相です。完璧主義なので、物事に対して「こうあるべき」だと自分を追い込んでいる可能性大。思い当たるなら視野を広げて負担を減らすよう意識してみて。そうすれば、この先の人生や人間関係が豊かになるはずです。

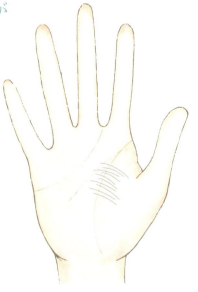

Q17

人生を変えたいです。
後悔ばかりしている私が
気をつけた方が良い事は？

悔いのない人生を送る為の
開運アドバイス！

LOOK!
あなたの
頭脳線、感情線

A 考えすぎて目の前のチャンスを見逃さないで！

頭脳線が小指の下方に達するまで長い

　婚期を逃しやすいタイプ。じっくり考える傾向があるので、ここぞという時に決断ができずにチャンスを逃がしてしまう事もしばしばです。その分、大きな失敗やトラブルに巻き込まれる事はあまりありませんが、考えすぎて悩む傾向があります。勢いも時には大切です。

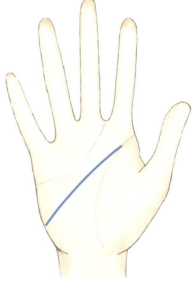

B 個性を生かせる環境に
身を置く事が大切

頭脳線の先端が下向きに分岐している

　個性的で創造性があるタイプ。どう生きるべきかを考える余裕や冷静さを持っています。その反面、自分の生き方を自問自答して疲れてしまう事も。個性を活かせる環境があると助けとなります。自分好みの物事なら頑張れる強みがあるので、この機会に探してみて。

C 失敗から学ぶ姿勢が
一段とあなたを輝かせる！

頭脳線の起点が生命線と離れている

　大胆で行動力のあるタイプ。積極的でチャレンジ精神旺盛な人です。しかし人間関係では至る所で衝突しやすい一面も。思った事を内に溜めて置けない性格なので、何気ない発言で誤解されたり、反感を買いやすい傾向があります。一呼吸置いてから発言する癖を付けると吉。

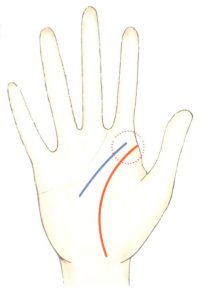

D チャンスを掴める行動力がある人。冷静さを忘れずに

中指の下までの短い頭脳線

即断即決できる人です。恋愛や結婚では、出会ってすぐに交際をスタートさせたり、スピード婚をするなど、恋のチャンスや婚期を逃がしません。ただし「じっくり考えた方がいいかも？」と思う瞬間があった時は、直感を信じて即決せずに一呼吸置いてから行動を。

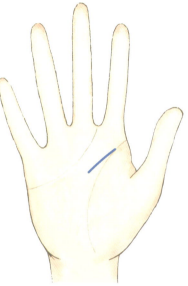

E 感情表現する事で対人運UP!

頭脳線の先端が第二火星丘へ伸びる

現実的思考の持ち主。論理的で客観的に物事を判断し、相手のニーズを掴む事ができます。仕事面では大いに活かせる性格である反面、恋愛はちょっと苦手かも。合理的に判断した結果、相手に冷たい印象を与える事もあるので、ポジティブで素直な感情表現を増やしてみて！ 驚くほど、あなたの魅力が高まるはず。

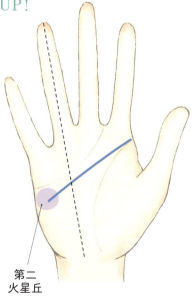

第二火星丘

F 将来を見据えて行動すると吉！

頭脳線や感情線が途中で切れている、もしくは線が細かい

気持ちが変わりやすく、目先の事ばかり気にするタイプ。プレッシャーに弱い一面もあります。細かな事を気にするより、物事を大きく捉えるクセをつけるのがおすすめ。そうする事で、これまで以上に行動力が身に付き、後悔のない選択をしていけるようになります。

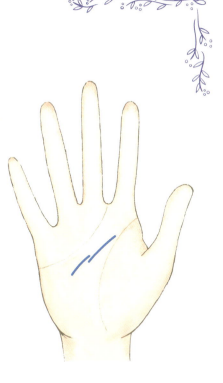

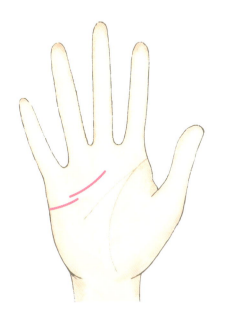

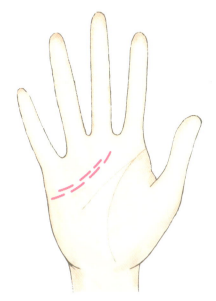

Q18

出会いはあるけど
なかなか人を好きになれず、
恋をしている自分が想像できません。
将来が不安です。

生涯未婚？　結婚したい
あなたへのアドバイス

LOOK!
あなたの
生命線、頭脳線、感情線

A 冷静に判断しすぎ？ もっと気楽に考えてみて

**頭脳線が
中指の下あたりから出てる**

　物静かでシャイな人。最初の一歩を踏み出すまでに時間がかかるタイプです。現在は独身かもしれませんが、エンジンがかかるきっかけがあれば一気に気持ちは高まります。魅力的な人なので、理想の相手は必ず現れるはず。大切なのは自分に自信を持つ事です。

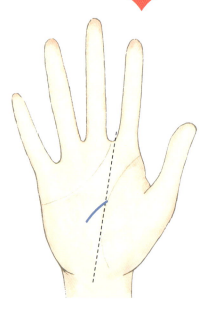

B 大丈夫！運命の相手に出会っていないだけ

**感情線から上下に
たくさんの細かい線が出ている**

感受性が鋭く繊細な性格の持ち主。人当たりがよく異性からもモテる恋愛体質です。今まで知り得なかった経験をする事で、自分の世界から抜け出す足がかりに。大切なのは新しい世界観を見つける事。自分の世界から抜け出して、興味を持てる男性を探していきましょう。

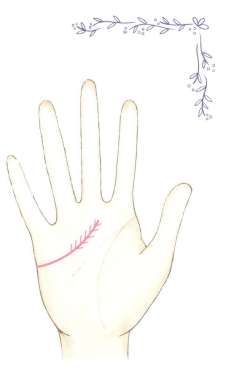

C 警戒する気持ちを少し緩めてみて

感情線が鎖状

自分を客観的に見つめられる人です。隙がない女性に見えるので、時には弱さをさらけ出して。そうする事で、あなたの魅力が一気に輝きます。大切なのは、出会いの場に足を運ぶ事です。感情を抑え込まず、感情を素直に表現できれば、好かれやすくなります。

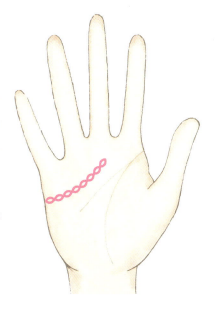

Q19

男性から性の対象として見られると
気持ち悪いと思ってしまいます。
改善策があれば教えてください。

異性に対する心理や
ジェンダー観をチェック

LOOK!
あなたの
障害線、感情線、
気付き線

A なんとも言いようのない違和感！でもこんな自分もいるのだと受け入れて！

縦障害線

意識してない男性から好意を持たれたり、性の対象として見られると気持ち悪いと感じてしまう。もしそうなら、自己肯定感が低い可能性あり。まずは自分自身を好きになって、人と比較せずに向き合う事から始めてみて。今は無理に克服しようとしない事が大切です。

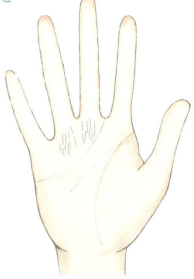

b 細かな事が気になって疲れてしまう

感情線が鎖状の線になっていて、手のひらに細かい線がたくさんある

心が疲れやすい繊細タイプ。人の態度や言動から、自分がどう思われているのか気になって疲れてしまいがちです。他人の顔色を伺わない、ご機嫌なフリをするなど、自分で自分の機嫌を取るようにしてみてください。心の余裕を持てれば、異性への見方も良い方向へと変わるはずです。

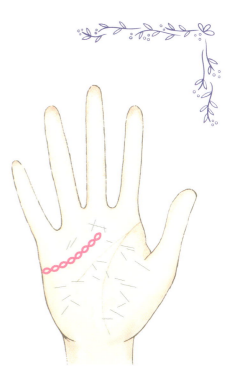

c プライベートに踏み込まれたくない！

気付き線＋感情線の島（薬指の下）

受け身になりやすく、我慢しがちな相です。気を許してない人に、プライベートに踏み込まれるのは人の苦手。異性に少しでも不快を感じた時は、我慢せずにすぐにNOサインを伝えてみて。「これは嫌」「こうして欲しい」と宣言する事で、物事が改善していきます。

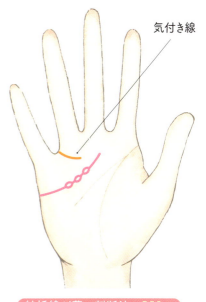

気付き線

結婚線が薄い判断法→P59へ

Q20

お付き合いをしている彼が既婚者です。
彼は離婚すると言ってるのですが、
本当に奥さんと別れてくれるでしょうか?

略奪できる? 終わりを迎える?
不倫の恋の未来

LOOK!
あなたの
影響線、結婚線、
感情線、運命線

A 自分らしさを再確認した上の判断を

**生命線の影響線(パートナー線)に
島があり、結婚線に縦線の
障害線が出ている**

　不倫などの将来性がない関係は、そもそもあなたらしくありません。しかし、彼との縁が深い為に、彼だからこそ食事などの誘いを受けてしまう事もあるでしょう。ですが、たとえ彼が奥さんと別れたとしても、その代償として大きなものを失う恐れがあります。

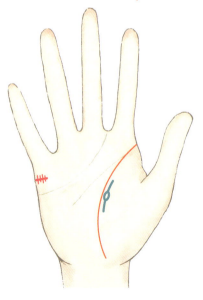

B 急に気持ちが冷めて自分から別れたくなりそう

薬指の下で感情線が途切れている

　運命を感じる人と出会っても、自分の心変わりから別れてしまう事を表しています。彼が奥さんと別れる前に、自分でもビックリするくらい気持ちが変化し、急に嫌になったり違う人を好きになって彼に別れを告げる、なんて事も。彼は突然の別れに動揺してしまいます。

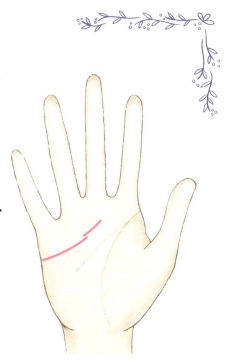

C 冷静な話し合いが必要！自分にとって最善な決断を

月丘から出る線が運命線を横切っている

　恋人の心変わりや裏切りによって、状況がガラッと変わってしまう暗示。どんなに仲が良くても、この相が出ている時はお互いの気持ちを再確認する事が大切です。この先の関係をどうしていくか話し合い、具体案を出して、お互いが納得できるようにしましょう。

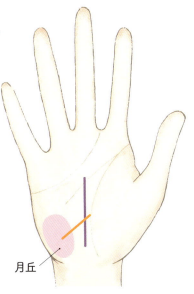

月丘

彼の手相で占う離婚の可能性

下向きの結婚線が太陽線を突き抜ける

不倫はもう終わり！ 彼があなたの魅力に惹かれ心奪われてる状態である事を表します。略奪できる時ですが、先々の事を冷静に考えながら、あなたが後悔しない行動を取ってください。この相は女性の経済的なものに魅力を感じてるというケースもあるので見極めが重要です。

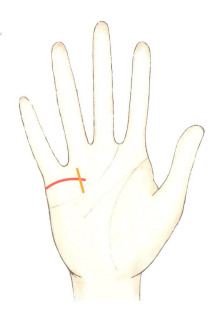

結婚線が大きく下がっている

夫婦関係が冷めきっている事を表しています。焦らずに彼と離婚について話し合ってみると良いでしょう。彼のペースに合わせるよりも、あなたも一緒になって2人で計画を立てると進展がありそう。大きく下がった結婚線が感情線を突き抜けていたら、離婚する確率が高まります。

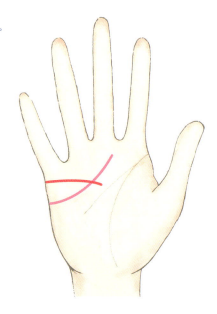

まっすぐなハッキリした結婚線が1本だけある

　一途なタイプで離婚しにくい人。しかし、一度別居したりすると、気持ちが離れて尽くす気持ちがなくなるので状況次第で変わる可能性が。

上向きの結婚線と感情線が中指と人差し指の間に伸びている

　家庭は家庭、恋人は恋人と考えるタイプなので離婚はしにくいでしょう。結婚線が上向きの場合、結婚生活が順調にいっている印です。

感情線の先が三股に枝分かれしている

　気配り上手で誰にでも優しいタイプです。八方美人なので、彼の言葉を鵜呑みにしすぎない方が良いかも。彼の真意を冷静に見極めて。

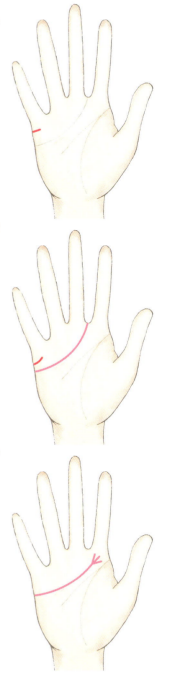

好きな人とセックスの相性が
良くない気がしています…。

Hタイプで占う
相性診断！

LOOK!
あなたと彼の
感情線や金星帯

「あなた」「彼」共に左手でチェックしてください。

セクシータイプ	社会派タイプ	優しいタイプ	淡白タイプ
金星帯があり、少し濃い目の縄状の感情線	感情線の先端が木星丘でフォーク状に枝分かれしている	感情線が中指と人指し指の間に向かっている	あまり曲がらず中指で止まる感情線や薄い感情線

【Hタイプのタイプの見方】
　感情線や金星帯の状態から、特徴的な4つのHタイプをご紹介します。あなたや彼に当てはまるタイプはありますか？
　手相タイプの組み合わせからセックスの相性を占います。

セクシータイプ同士

性格的にも良く合う二人は、セックスでも燃え上がる抜群の相性。とても良い組合せですが、大胆になれちゃうので危ノーマルな世界に行ってしまう事も。刺激的なセックスライフです。

セクシータイプ × 社交派タイプ

息ピッタリ！ セクシーさんは自分がしてみたいセックスをとことん追求できますし、社交派さんはセックスを通じて自分の知らない一面に気づけるなど、お互いに心も体も満たされる相性です。

セクシータイプ × 優しいタイプ

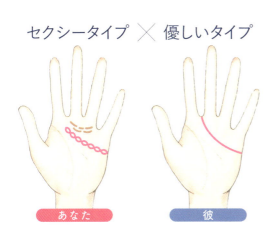

セックスの相性は抜群です。お互いに求め合い、与え合う事ができる関係。ただし、セクシーさんは感受性が豊かで、好きな人や恋人に対して気持ちやモチベーションが変わりやすい傾向があります。

セクシータイプ × 淡泊なタイプ

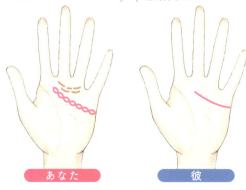

淡白な人から見ると、セクシーさんはガツガツしていて少し気が引けるかも。一方、セクシーさんも淡白な人に物足りなさを感じてお互いに不満が募るかも。その結果、浮気や不倫に走る可能性あり。

社交派タイプ同士

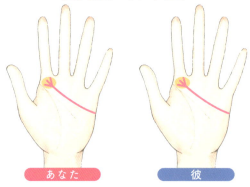

理想的な組み合わせです。お互いに思いやりを持ってじっくり愛を深める事ができるでしょう。「相手の為に何かしてあげたい」という気持ちを自然と持てるので、セックスの満足度も高いです。

優しいタイプ同士

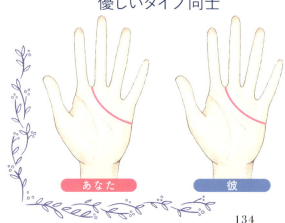

大変思いやりがあり優しい二人。お互いに真面目で奥手です。時間をかけて、会話や雰囲気で気分を盛り上げてから愛し合うのを好みます。激しい欲求はありませんが、着実に愛を深めていける関係です。

社交派タイプ × 優しいタイプ

お互いに合わせ上手なので、無理なく自然にセックスを楽しむ事ができるでしょう。肌を重ねるほど信頼感が増して、セックスの相性も深まっていけるので、良い関係性を築く事ができます。

社交派タイプ × 淡白なタイプ

淡白さんは、マイペースに恋愛を進めたい好色家。愛情はあっても自分の気持ちを優先するので、社交派さんからすると「冷たい」と思われる事も。相手に愛情を伝えて信頼関係を深めてみて。

淡泊なタイプ同士

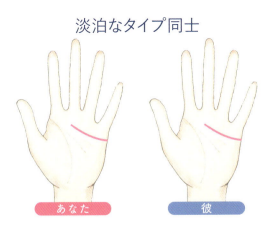

セックスはお互いに淡白。不満もなく、程よいセックスライフを楽しめます。心と体は別と考える傾向があるので、お互いに束縛をする事もなく、自由な付き合いができるでしょう。

Q22

彼と半年ほどセックスレスです。どうすれば解消できるでしょうか？

彼の気持ちやセックスレスの原因と解消法

LOOK!
彼の結婚線、金星丘、生命線、金星帯

A 相手に不満を抱きやすい

結婚線が垂れ下がり感情線に接する

　草食系の受け身タイプ。Hが嫌いなのではなく、相手に不満を抱いているからこそ、なんとなく避けてしまう傾向があります。この関係性を曖昧にしてしまうと、かえって二人の溝が深まるので注意。態度で示すのではなく、腹を割って話し合うようにしましょう。

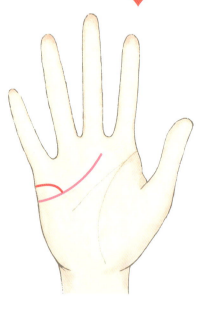

Part4　最新【恋愛・結婚】悩み別！相談事例をSNSリサーチ!!

ℬ お互いに原因があるかも…

**結婚線の先端が
大きく二又になる**

　お互いを異性として見れていない、悪気はないけど大事にしているものが合っていない、お互いに考えている事が違う、といった原因が考えられます。あなたが女でいる気持ちを忘れているなら、この機会に服装や髪型を変えるなど、イメチェンをして女磨きをしてみて。

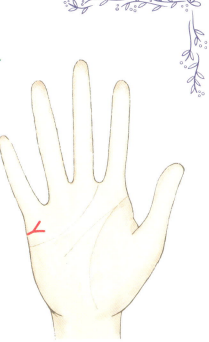

𝒞 心と体は別

**金星丘に膨らみがあり、
生命線が大きく張り出し、
二重感情線が現れる**

　彼は情に熱いタイプなので、あなたを大切に思う気持ちに変化はなさそうです。ただし、心と体は別と考えるタイプなので、セックスレスになっている場合は、別の女性と体の関係がある可能性があります。一度じっくり話し合って、絆を深めてみてください。

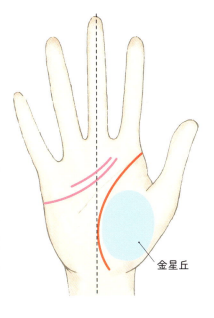

金星丘

D 性欲が弱い

金星丘に膨らみがない

　精力が弱い傾向にあります。仕事で疲れたり忙しかったりすると、セックスレスになりやすいでしょう。ゆっくり家でリラックスできる時間を増やす事で状況が好転しやすくなります。映画を観たり、クラフトワークをしたりなど、平凡な事でも良いので心がけてみて。

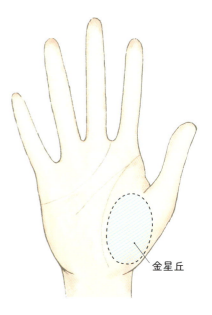

金星丘

E セックスに刺激を求めてるかも

薄い金星帯が1本現れる

　セックスにのめり込む性質を持つ事を表しています。普通の性生活では物足りなくなってしまうかも。快楽に酔いしれるタイプなので、あなたからいつもと違った少し刺激的な事を提案してみると良いかも。彼の金星帯の上にホクロがある場合は、乱れた性生活の警告なので注意。

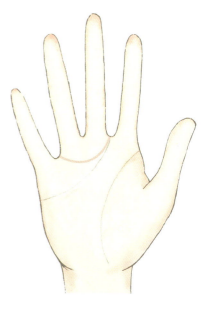

セックスレスの原因は私!?
あなたの手相もチェック！

彼に対する興味が薄れているかも

感情線が薄い、真っ直ぐで短い

　クールで、元々異性にあまり興味がないタイプ。男女という関係より友達のような関係になりやすいです。しかし、長い目で見れば容姿や性欲は変わるもの。一方、友情は生涯にわたって続きます。友情のような愛情を感じるなら、これからも強い絆を築けるでしょう。

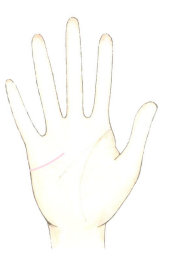

彼に対しての不満を溜め込んでいるかも

結婚線が下がっている

　セックスレス以前に、彼に対して不満が募っている可能性大。衝突を避ける為に、黙ってやり過ごして喧嘩を減らそうと思いがちですが、逆に会話が減って距離が遠くなる事も。まずは溜め込まずに伝えてみて。お互いにとって何が重要なのかを学べる時でもあります。

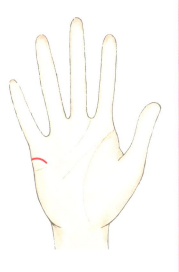

Q23

お付き合いしてる男性が
体目的の様な気がします…。
体目的の男性の特徴が知りたいです。

彼のエロ体質を暴く!
体目的の男性にありがちな手相

LOOK!
彼の金星帯、
金星丘、
手の柔らかさ

A 官能的なエロ体質

多重金星帯が出ている

　切れ切れであっても金星帯が出ている人は官能的です。何本も出ている人は性的関心が非常に強いタイプで、官能の世界に溺れてしまい、日頃から性的な妄想で頭がいっぱいになってしまう事も。欲求不満を抱えやすいので、欲望に従いすぎないよう注意してください。

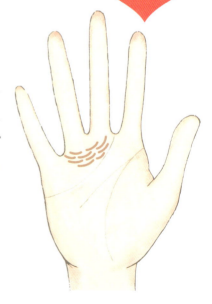

ℬ 性欲が強いエロ体質

金星丘の下部が発達している

　金星丘の肉づきがよく大きく発達している人は、性欲が強い肉食系。恋愛＝体の関係と考え、出会った日にベッドインする事もあります。相手がそうでないと不満が募り別れる事も。金星丘が発達しすぎていたり、赤く熱を持っている場合は、性欲が特に強いので注意が必要。

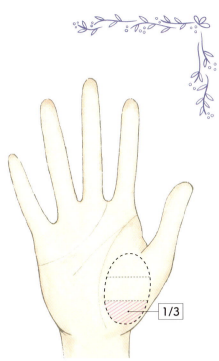

𝑒 快楽を求めるエロ体質

手が柔らかい

　手の肉づきがよく、水を含んだようにしなやかで柔らかい人は、感覚的な快楽に溺れやすいタイプ。元々肌に触れる行為が好きで、その流れで官能の世界に足を踏み入れやすいです。自分には少々甘いので、官能の世界にはまりすぎて日常を乱さないよう注意しましょう。

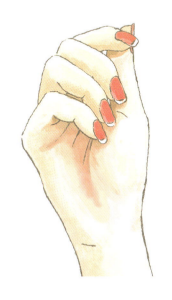

Q24 彼と喧嘩を繰り返してしまいます。そもそも性格が合わないのでしょうか？

あなたと彼の
相性診断！

LOOK!
あなたと彼の
**運命線、生命線
頭脳線**

お互いの右手をチェック！

A 運命線の濃さをチェック

運命線が「**濃い人**」は人生の目的がはっきりしていて、パートナーをグイグイ引っ張っていくタイプです。「**薄い人**」は相手に合わせるのが上手なタイプが多いので、もしこの二者の組み合わせであれば、理想的な関係となります。濃い者同士、薄い者同士の場合は状況を見ながらどちらかが反対の役回りになれると喧嘩も減り、仲直りもしやすいでしょう。

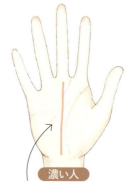

濃い人
線が皮膚の色より目立っている

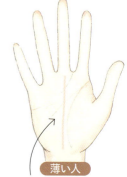

薄い人
線が皮膚の色と同化している

B 生命線の張り出し方をチェック

生命線の張り出し方には、体力や生活スタイルが表れます。大きく張り出している人はエネルギーが高く、張り出し方が小さい人はエネルギーが低い傾向があります。どちらかがパワフルだと、片方が疲れてしまう可能性があります。同じくらいの張り出し方だと、お互いに心地よく過ごせるでしょう。張り出し方が異なる場合は、お互いが相手の活力に寄り添った言動、生活スタイルを心がけると衝突も減り、相手への理解を一層深める事ができます。

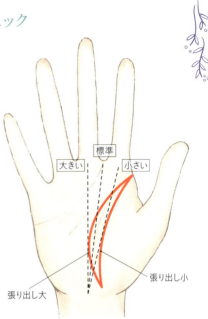

C 頭脳線の長さをチェック

頭脳線には思考のスタイルが出ます。頭脳線が長い人は考えてから行動したい人で、短い人は考えるより先に行動したい人です。標準な人はバランスが良いので、誰とでも上手く付き合えます。長い線と短い線の組み合わせになる場合は、会話や行動のすれ違いが起きやすいですが、その事をお互いが念頭に置くだけで喧嘩はグッと減るはずです。

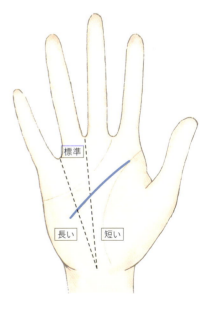

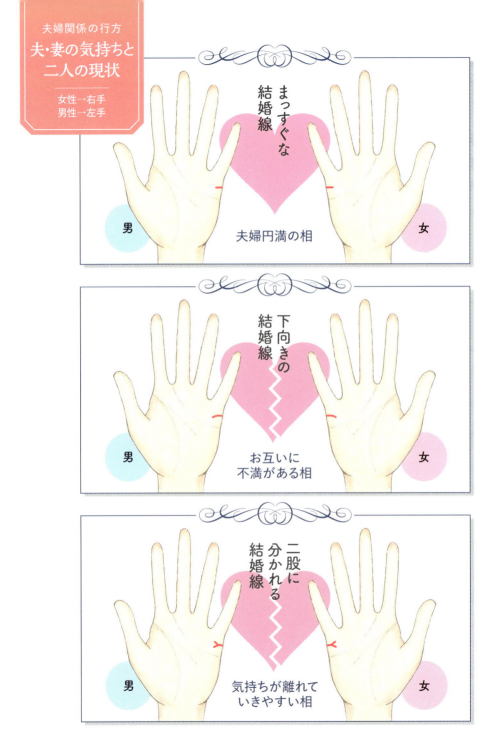

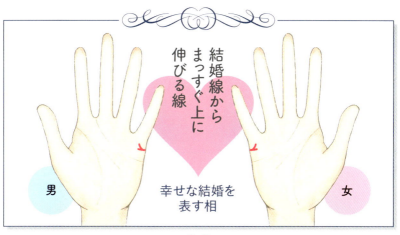

Q25

彼がなかなかプロポーズしてくれません。
早く結婚を意識してもらう方法はありますか？

彼の心理と
プロポーズを引き出す方法！

LOOK!
彼の
感情線、結婚線

A 彼は口下手で不器用な人かも

感情線が波状で蛇行している

　彼は相手の気持ちを推し量ったり、自分の気持ちを表現したりするのが苦手なタイプ。物静かで大人しく、コミュニケーションが苦手なので、誤解されたり冷たい人だと思われる事もしばしばです。それとなく、あなたの方から話を切り出す事で状況が好転するかも。

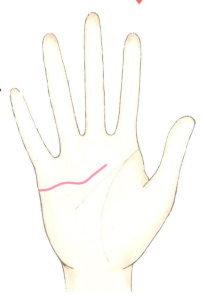

B 結婚は意識していても まだ先でいいと考えているかも

短い結婚線の位置が小指側に近い

結婚するのが嫌というわけではなく、今はまだ関心が低い為、踏ん切りがつかない状態。プロポーズをしてくれるよう、彼を上手く誘導してみて。結婚に繋がる話題を振って真意を聞くのもおすすめ。結婚線が複数本ある場合、小指に近い線が濃ければこの相に該当します。

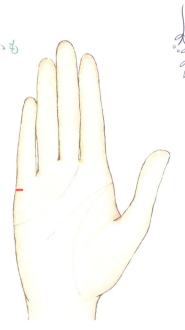

C 結婚にあまり関心がなく 趣味や仕事が楽しい時

結婚線が薄い

趣味や仕事に没頭している時かも。手相は、今はそれほど結婚に関心がない状態を表しています。口では結婚したいと言っていても、まだ本格的に考えていない事も多いので期待しすぎるのは禁物。もし結婚したいと思うなら、お互い腹を割って話す事も大切です。

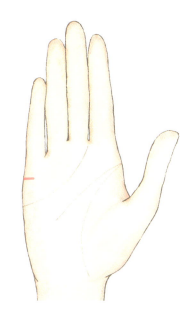

ⓓ 今は結婚の必要性を感じていないかも

結婚線がない人

今の彼は、恋愛や結婚に執着がない、そこまで興味がない状態のようです。現状を変えたいなら、それとなく二人の関係で不安を感じている事を、誠意を持って彼に伝えてみて。結婚線がずっと出ていない人が具体的に結婚を考え始めると、結婚線が出てきます。

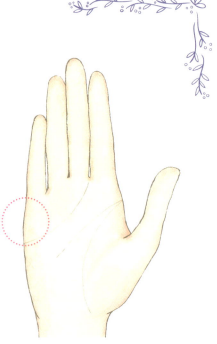

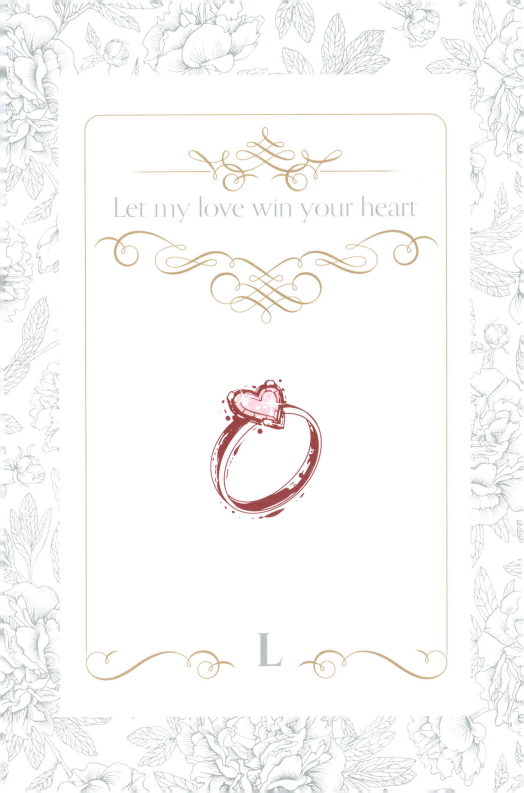

指輪は着ける位置によって違う意味がある⁉

10本の指それぞれの意味

　指輪は着ける指によって意味が変わります。

　右手と左手でもまた少し意味が異なります。今回はそれぞれの指の持つ意味を右手と左手で分けて運気アップに効果的な方法をご紹介します。

右手と左手、それぞれが持つパワーとは？

　右手は、行動力を表す手なので、各指が暗示する物事に関して積極性が表れると考えるのです。

　左手は、思考力を表す手なので、それぞれの指が暗示する物事に関して受容性が表れるのです。

　つまり自分が積極的になりたい人は、右手に指輪を嵌めれば良いし自分が物事を受け入れる寛容さ、落ち着き、安定を求めるなら左手に指輪を嵌めれば良いのです。

運を引き寄せる着け方

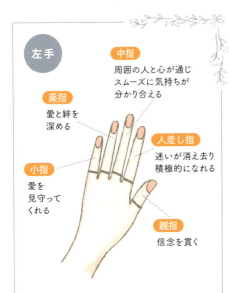

左手

- **中指**: 周囲の人と心が通じスムーズに気持ちが分かり合える
- **薬指**: 愛と絆を深める
- **人差し指**: 迷いが消え去り積極的になれる
- **小指**: 愛を見守ってくれる
- **親指**: 信念を貫く

指	意味
親指（サムリング）	目標に向かって着実に進めるように支援してくれる
人差し指（インデックスリング）	気持ちを前向きにし積極性を高める
中指（ミドルフィンガーリング）	協調性を高めコミュニケーションを円滑にし人間関係を良くする
薬指（アニバーサリーリング）	愛の進展を助けてくれる、恋人との絆がより深いものに
小指（ピンキーリング）	恋のチャンスを引き寄せる

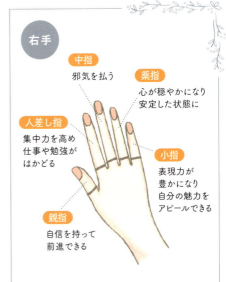

右手

- **中指**: 邪気を払う
- **薬指**: 心が穏やかになり安定した状態に
- **人差し指**: 集中力を高め仕事や勉強がはかどる
- **小指**: 表現力が豊かになり自分の魅力をアピールできる
- **親指**: 自信を持って前進できる

指	意味
親指（サムリング）	リーダーシップを発揮する
人差し指（インデックスリング）	気持ちを落ち着かせ集中力や行動力を高める
中指（ミドルフィンガーリング）	直感力を高め邪気を払う、インシュピレーションを高める
薬指（アニバーサリーリング）	不安や恐怖心を沈めて心が穏やかになり自分らしさをUPさせる
小指（ピンキーリング）	表現力が豊かになり自分の魅力を引き出してくれる

Rika's Message

自分らしく生きるには、
私らしくいられる環境に身を置く事
本当のあなたに
会いたがっている人達が
たくさん待っていますよ♡

Part 5

出会いの場・
人間関係の㊙攻略
話題盛り上げに
最適!!

簡単性格診断／モテライン／
恋愛傾向／運気ＵＰサイン

Good! 相
気がつくと幸せに♡

　手相には時々、幸運を知らせてくれる珍しい線（サイン）が出現する事があります。このサインは、出る場所によって意味が異なります。あなたの手のひらにはサインがありますか？
　もし出現したら運気がUPするでしょう！

《NO.01》ソロモンの輪（木星環）

頭脳明晰で、先を見抜いて判断し、行動に移す力があります。その為、将来は社会的に大成功を収めるなど、大成しやすい相です。どのような苦境に陥っても臨機応変に対応して、苦難を乗り越えていける心の強さを持っています。

《NO.02》スター

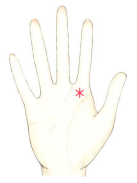

願い事が叶うサインが表れています。このような相が見られる時は、突然幸運が訪れるように、心に秘めてきた希望が叶いやすい兆候。地位が向上するなど、人からあなたの活躍ぶりが評価され、名誉や名声が得やすい時期です。

《NO.03》太陽線

人気運や金運、名誉運がアップします。この手相の持ち主は、明るい性格で人気者！ スター性があり、周囲の人に引き立てられ成功を掴みます。物事を多面的に捉える賢さや独創性に優れていて、世界的な名声や地位を得る場合もあります。

《NO.04》太陽線×スター

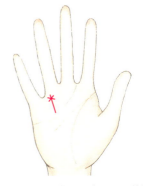

あなたは幸運や成功に恵まれ、独特の雰囲気を放つ人気者です。この相は、成功運や金運が訪れて、大きな幸運を手に入れる前兆。今までの努力が報われるでしょう。感性を活かすと結果が出やすく、名誉、名声を得られます。

《NO.05》神秘十字線

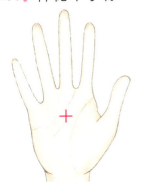

目に見えない力で守られている人です。ご先祖様や守護霊などのご加護があり、困った事が起きても救われます。常日頃からご先祖様への感謝を忘れる事なく、まめにお墓参りをして感謝の気持ちを伝えるようにしましょう。

《NO.06》スター

金運や財運がアップします。お金儲けが上手で、コミュニケーション能力も高い為、ビジネスで成功します。お金に関わる世界で力を発揮できるでしょう。社交性が高まる時なので、出会いの場に積極的に行くなどチャンスを逃さないで！

《NO.07》スター

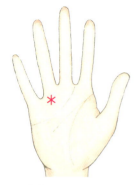

世間から才能が認められ、人気運が高まるサイン。充実した日々を送りやすいタイプです。仕事がどんどん舞い込み収入がアップする事も！ 忙しい日々を送りやすい為、無理をしすぎないよう、健康管理には十分注意してくださいね。

《NO.08》網目状紋

細やかな気配りができる人なので、人間関係が円滑に進み、周囲の協力も得られやすいタイプ。思いやりがあり交友関係が広いので、人気者になれます。洞察力が鋭いので、接客業など人と関わる仕事で特に能力を発揮しやすいでしょう。

《NO.09》仏眼

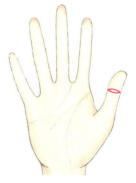

霊力があり勘の鋭い人です。第六感のような直感に優れていて、記憶力が良いのも特徴です。ご先祖様から守られているので、ピンチの時に奇跡的に助かる事も多々あります。ご先祖様への感謝の気持ちを持ち続ける事で開運します。

手のホクロには注意！

手に現れるホクロには注意が必要になる場合があります。

手のホクロや傷の場所ごとの意味

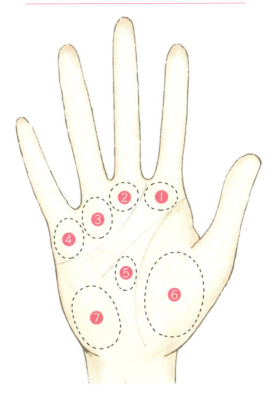

❶ 仕事で大きなミス、地位や名誉を失う
❷ 運勢が急変、判断力が欠けてミス、判断ミスをして失敗
❸ 夢が断たれる、恋のチャンスを逃しやすい、人気運がなくなる
❹ 金銭面での失財、財産をなくす、共同事業で失敗、金運が弱まる
❺ 生活が不安定、周囲の反対、他人から足を引っ張られる
❻ 事件、事故、大病、周囲の反対、健康問題に注意
❼ 人間関係のトラブル

合コンや新しい
出会いの場で役立つ！

簡単手相鑑定

手の出し方でその人の性格、心理が分かる！

指をすぼめて出した人は警戒心が強いタイプ

　警戒心が強く、親しくない人にはなかなか心を開きません。臆病な性格でかなり用心深い一面も。もしくは、今何か不安を抱えている可能性があります。受身なタイプですが、無駄な事にはお金を使いません。経済観念がしっかりしているので、着実に貯金を増やし財産を残す事ができるタイプです。

指を広げて出した人は大胆なタイプ

　行動力があって積極的。今の自分に自信がある人です。誰に対してもオープンな態度で接する事ができる楽天家。意欲に溢れ、精神的にもタフなので、細かい事は気にせずにやりたい事に向かって邁進します。あまり深く物事を考えずに行動する為、それが原因で失敗する事もありますが、周囲から信頼される「愛されキャラ」です。

自然に指をそろえて出した人は慎重なタイプ

　常識的で真面目な人です。周囲をよく見ていて観察力、洞察力に優れています。その為、軽はずみな行動はまずしません。完璧主義な傾向が強い為、何事もきちんとやらないと気が済まない一面もあります。消極的な性格なのでオープンに人と関わる事はしませんが、仕事は真面目かつ正確にこなす事ができるタイプです。

親指の反り方で分かる意志の強さ、本当の性格

親指の先が後ろに反る人は柔軟なタイプ

　考え方が柔軟で、適応力に富んでいます。協調性があるので新しい環境でもすぐに自分の居場所を作る事ができます。またクリエイティブな才能もあるので、斬新なアイディアを生み出す事も得意。周囲から一目置かれる事も多いです。その反面、気が変わりやすい一面も。経済観念に乏しく、時間にルーズなところもあるので注意してくださいね。

親指の先が反らない人は
自分の意志を貫く不屈の精神の持ち主

　こうと決めた事に突き進むので、目標の達成や、成功する可能性が高い人です。人付き合いはあまり得意ではありませんが、誠実に人と接します。自然と理解者に恵まれ、信頼を寄せられるでしょう。意思が強く着実に努力を重ねる反面、人の意見を聞かない頑固な一面も。口数が少なく愛情表現も苦手ですが、恋人には誠実に接する事ができる人です。

親指の反り具合が左右で違う人は社会に出て成長した人

　「右手の親指は反るのに左の親指が反らない人」は、本来は頑なな性質であるけれど、社会に揉まれる事によって柔軟さを身につけた人です。「左手の親指が反っても右の親指が反らない人」なら、元々マイペースな性質ですが社会に出る事で意志の強さが培われたという人です。

3つの主要線で簡単性格診断！

感情線は感情の起伏、温厚な人か、冷淡な人かを判断する線です。

c 長い	b 標準	a 短い
・ストレートな発言 ・落ち着いた対応 ・感情表現が固い ・過去を引きずらない ・独占欲が強い	・感情をバランスよく表現できる ・自分を客観視できる ・自分の気持ちに正直 ・裏表がない ・偏らない考え方	・サッパリした性格 ・冷静沈着 ・人に執着しない ・感情に乱れがない ・感情を表に出すのが苦手 ・相手の気持ちに鈍感
結　婚		
晩婚タイプ	人生で一番活発に動いてる時に結婚	友達の紹介で結婚すると良い
仕　事（適　職）		
経営者、店長	営業的な仕事	数字を扱う仕事

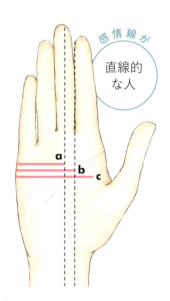

感情線が 直線的な人

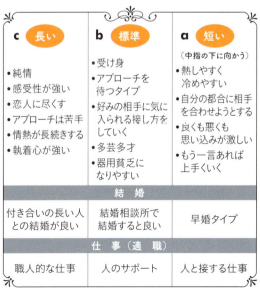

c 長い	b 標準	a 短い（中指の下に向かう）
・純情 ・感受性が強い ・恋人に尽くす ・アプローチは苦手 ・情熱が長続きする ・執着心が強い	・受け身 ・アプローチを待つタイプ ・好みの相手に気に入られる接し方をしていく ・多芸多才 ・器用貧乏になりやすい	・熱しやすく冷めやすい ・自分の都合に相手を合わせようとする ・良くも悪くも思い込みが激しい ・もう一言あれば上手くいく
結　婚		
付き合いの長い人との結婚が良い	結婚相談所で結婚すると良い	早婚タイプ
仕　事（適　職）		
職人的な仕事	人のサポート	人と接する仕事

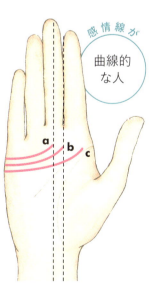

感情線が 曲線的な人

頭脳線は知的センスを推し量る指標として最も有効的な線です。

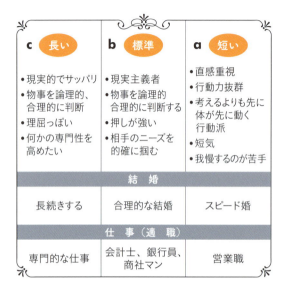

c 長い	b 標準	a 短い
・現実的でサッパリ ・物事を論理的、合理的に判断 ・理屈っぽい ・何かの専門性を高めたい	・現実主義者 ・物事を論理的合理的に判断する ・押しが強い ・相手のニーズを的確に掴む	・直感重視 ・行動力抜群 ・考えるよりも先に体が先に動く行動派 ・短気 ・我慢するのが苦手
結 婚		
長続きする	合理的な結婚	スピード婚
仕 事（適 職）		
専門的な仕事	会計士、銀行員、商社マン	営業職

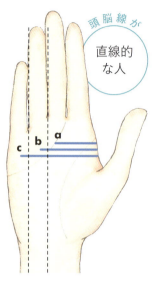

頭脳線が直線的な人

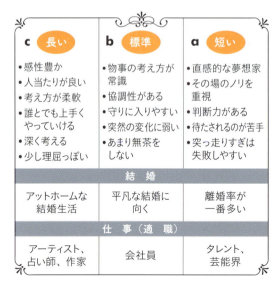

c 長い	b 標準	a 短い
・感性豊か ・人当たりが良い ・考え方が柔軟 ・誰とでも上手くやっていける ・深く考える ・少し理屈っぽい	・物事の考え方が常識 ・協調性がある ・守りに入りやすい ・突然の変化に弱い ・あまり無茶をしない	・直感的な夢想家 ・その場のノリを重視 ・判断力がある ・待たされるのが苦手 ・突っ走りすぎは失敗しやすい
結 婚		
アットホームな結婚生活	平凡な結婚に向く	離婚率が一番多い
仕 事（適 職）		
アーティスト、占い師、作家	会社員	タレント、芸能界

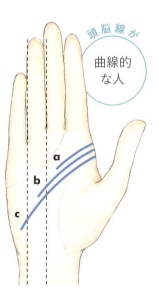

頭脳線が曲線的な人

運命線は運命を司る線です。

運命線が太い人（濃い）

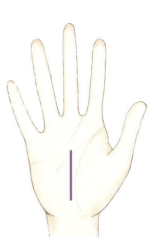

女性
- 男勝りで負けず嫌い
- 男に甘えるのが苦手
- 恋愛下手
- 強い信念を持つ
- キャリアウーマンタイプ

男性
- 芯が強く男らしい
- モチベーションが高い
- 責任感があり、一つの事をやり遂げる
- 我慢強い
- リーダー気質

運命線が細い人（薄い）

女性
- 女性の魅力を発揮できる
- 家庭と仕事を両立できる
- 男性から人気のある女性
- 社会経験が豊か
- マイペースなタイプ

男性
- 女性的でソフトな印象
- 草食系男子タイプ
- 頼りない人
- 人の考えや意見を尊重し合わせる事ができる
- プレッシャーに弱い

運命線がない人

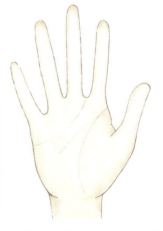

- 夢や目標が定まっていない
- 将来に不安を抱えてる
- マイペースにのんびり生きる
- 固定観念に囚われない
- 穏やかで落ち着いてる
- 他人の影響を受けやすい

モテる手相はこれ！
魔性の女の手相ポイント

結婚線が多い（4本以上）

結婚線が多く表れている人は、恋多きタイプでモテる人。異性から好かれやすく、結婚より「恋愛を楽しむ」事に時間を費やす傾向があります。その結果、婚期が遅れたり、結婚後にもっと良い人がいると考えて晩婚になる人が多いです。結婚線が複数出ている間は、男性からのアプローチが多くなるので、出会いに困る事はないでしょう。

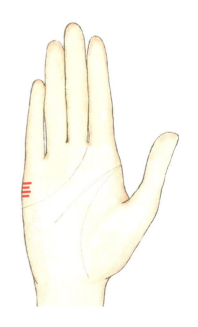

感情線の先が
濃く大きく3本に分かれる

　感情線の先がフォーク状に分かれる人は、空気が読める気配り上手な人です。時と場合に応じて冷静に対応したり機転が利くので、周囲から頼られる事も。他人の気持ちを敏感に察知できるなど、いわゆるデキる人で「気配りの才能は、天性のもの」とされています。異性の心を一瞬で掴んでしまう事も多く、モテ力のある人です。

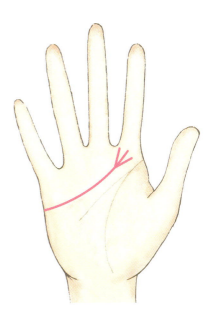

社交線がある

　人差し指と中指の間から感情線と斜め方向に伸びている真直ぐな線が出ている人は、タレント性があり、自己アピールが上手な人です。お話上手で異性にも優しく親切なのでモテます。ただ、誰とでもすぐに仲良くなれてしまうので、誤解されやすい傾向があります。好きな人がいる場合は、特別感を出すように意識する事が大切です。

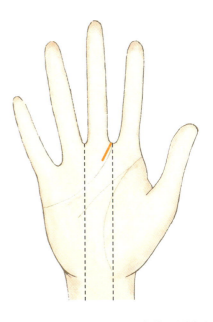

金星帯がある

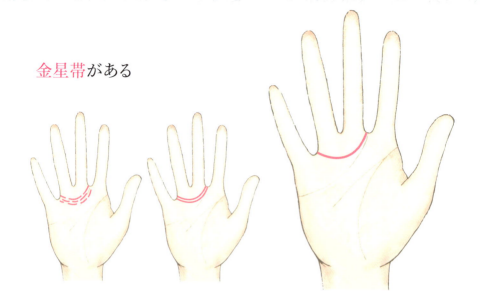

- 右手の金星帯

  本人の性的魅力が高まり、感受性も豊かになっています。これは将来にわたってモテ続ける事を意味しています。いつでも色気溢れるオーラに包まれているような状態。異性から気になる存在になっていたり気づかないうちに好意を持たれていたりなんていう事もあるでしょう。

- 左手の金星帯

  モテる要素がある事を示しています。努力しなくても、ある日を境にいきなり溢れるような性的魅力が出てくるでしょう。

- 両手に金星帯がある

  強いカリスマ性が備わっている事を示しています。小さい頃からモテる状態が生涯続いていくでしょう。

- 右手にはなく左手にだけにある場合

  まだ色気は未開発の状態で発揮されていない事もあります。自ら色気を意識したメイクや服装を心がけてみましょう。

- 金星帯が結婚線と繋がる

  女性は細やかな気配り上手になるのですが、男性は細かな部分に口うるさくなりやすいです。

人気線、寵愛線がある

性別に関係なく人から好かれる事が多い人気者。タレントや水商売など人気が売上に結びつく仕事に向いています。恋愛は色気よりも愛嬌で勝負するタイプのモテ相になります。その気になれば恋の相手はすぐに見つかるでしょう。八方美人になりやすい為、恋人がいる人は嫉妬される事が多いかもしれません。

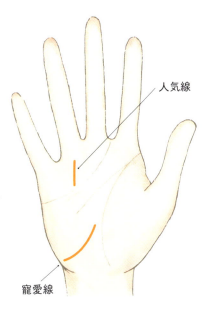

人気者に出る手相はこれ！
人に好かれる手相ポイント

月丘から上がる太陽線

　月丘から上がる太陽線を持つ人は、自然と人を惹きつける魅力を兼ね備えています。周囲の人から支援され、大きな成功を手にする事ができるでしょう。あらゆる場面でたくさんの人から応援されやすいので、地位や名誉を獲得したり、将来的に有名人になるなど、飛躍した成功を手にする可能性を大いに秘めている人です。

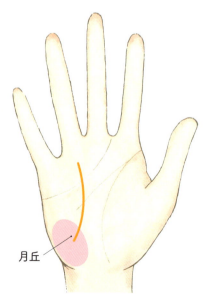

月丘

月丘から上がる人気運命線

　月丘から上がる運命線を持つ人は、スター性があり周囲の人から好かれる特別な魅力を持っています。仮に困った時でも、周囲の人が何らかの形で助けてくれたり、引き立てを受ける事ができます。大切なのは、周囲への感謝の気持ちを忘れない事。感謝の気持ちを持ちつつ、目標ややりたい事に向かって邁進していきましょう。

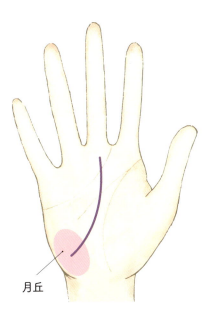

月丘

感情線から複数の下向き支線

　感情線から複数の下向き支線が出る人は、人柄が良くとても優しい人です。異性にも同性にも好かれやすく、どのような場面でも自然と周りに人が集まってくるでしょう。ただし、空気が読めて細かい事に気づけるが故に、人の顔色を伺いながら話して気疲れしてしまう事も。ストレスが溜まりそうな時はリフレッシュを忘れずに。

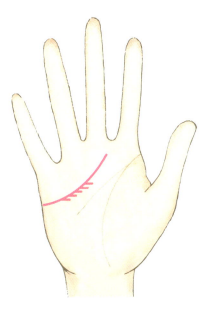

運気上昇中な人に現れる手相はこれ！
大幸運が訪れる手相ポイント

感情線から上向き支線が出る

感情線から複数の上向き支線が出る人は、明るく前向きな性格の持ち主。自分の魅力をアピールするのが上手で、多くの人から愛される相です。友情や恋愛、仕事運に恵まれ、願いが成就する幸運の相です。今何か挑戦したい事がある、気になる人がいるといった場合は、勇気を出して行動に移してみると良い結果に繋がりやすいです。

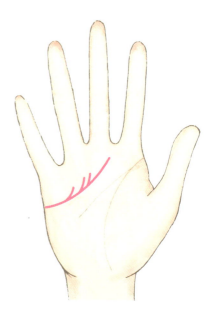

チューリップ運命線

　運命線からの支線が上向きに広がる相を持つ人は、運がどんどん良い方向へ向かっている事を表しています。自分の実力を存分に発揮して、今まで以上に人生の充実感を感じる事ができるでしょう。幸運を手にする事ができる強運の持ち主でもあるので、やりたい事があるならぜひこの機会に挑戦してみてくださいね。

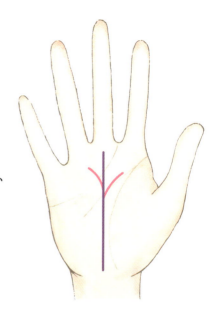

運命線から出る財運線が水星丘まで伸びる

　運命線から出る財運線が水星丘まで伸びている。このような相を持っている人は、天職に就く事で開運し、大成功をおさめ、億万長者になれるといわれています。自分の才能を大いに発揮できる仕事が見つかりやすいだけではなく、楽しみながらお金を稼ぐ事ができるので、より充実した人生を送る事ができるでしょう。

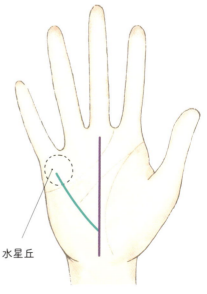

水星丘

生まれ持った
夫婦運

I treasure You

不思議な事に生まれながらの夫婦運があるのです。
指をピッタリくっつけて伸ばした指先に注目してください。

1

理想の仲良し夫婦
中指と薬指のつけ根から
爪先まで隙間がなく
ぴったりつく

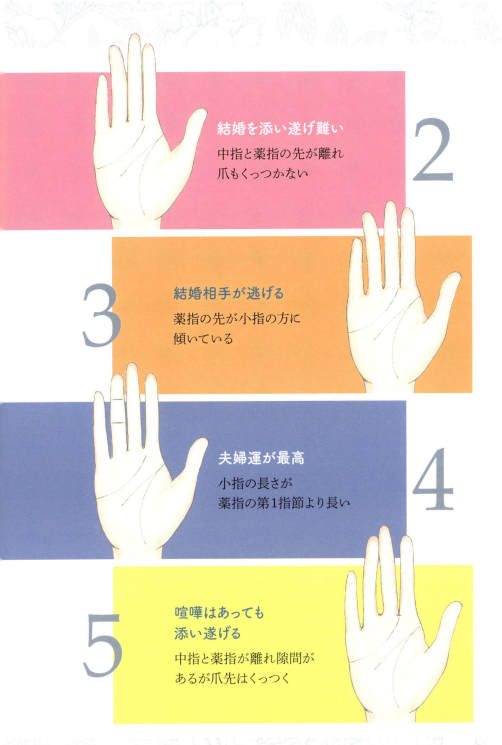

愛情傾向や恋愛運を感情線で徹底チェック！

　感情線の様々な様子から、愛情の傾向や恋愛運気、また精神面の状態を知る事ができます。感情線をじっくりと読み解く事で、自分をより深く知る手掛かりが見つかるはずです。

標準的な長さの感情線

　真面目で常識的な恋愛観を持っています。感情を顔にあまり出しませんが、薄情というわけではなく、むしろ情に脆い優しい人です。表面に出さないので誤解される事もありますが、心の中には溢れんばかりの愛情を持ち合わせています。その愛情を素直に出せる相手が現れた時が、あなたの恋愛運最高潮期といって良いでしょう。

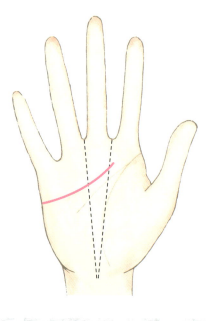

標準より短い感情線

さっぱりした性格で、恋愛もどこか冷静かつマイペース。本人は普通に恋愛感情を持っているつもりでも、周りの人から見るとクールに見える傾向があります。その為、「何を考えているか分からない」「本当に自分の事が好きなの？」と相手を不安にさせてしまう事も。少しオーバーに表現した方が、お互いのバランスを保てるでしょう。

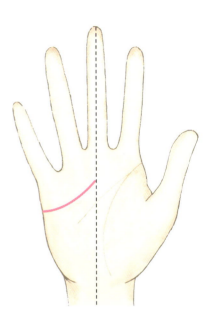

中指に届かないほど短い感情線

ドライな性格で、情に溺れる事なく依存しません。相手とのバランスや距離感も良い感じに取ります。重たい愛よりも親友のようにいられる関係を好む為、付き合っても盛り上がりに欠ける事もしばしば。ですが、それはそれで本人は満足しています。いつの間にか恋が終わっても「友達に戻っただけ」と割り切れるタイプです。

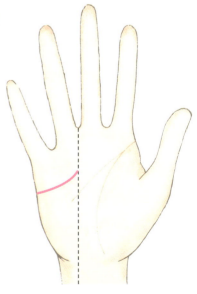

標準より長い感情線

情熱的な性格で、好きな人を一途に愛し続けます。喜怒哀楽や恋愛感情をストレートに表現するタイプで、相手に尽くす分、思うように交際が続かないと思いを引きずり、気持ちを断ち切る事ができないでしょう。自分を責めたり、悪い方向に考えてしまう傾向があるのでその点は注意。上手く気持ちを切り替えて新しい出会いを探してみて。

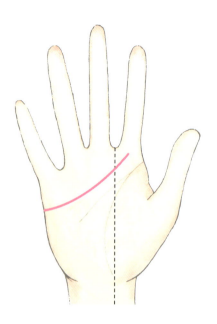

人指し指と中指の間に入り込む感情線

オープンで寛大な性格の持ち主。自分の損得を考えずに、不利益な事でも周りに尽くす事ができる優しい人です。ですが、恋愛面ではどんなに愛した人でも別れた後は未練を感じないという一面も。相手への思いを引きずる期間が比較的短い為、早い段階で気持ちを切り替えて新しい相手を探していけるタイプです。

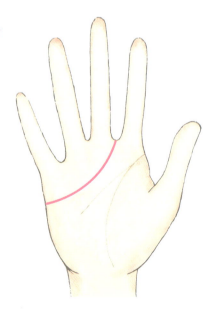

急カーブで上に向かう感情線

熱しやすく冷めやすいタイプ。一度自分のスイッチが入ると夢中で物事に取り組みますが、飽きるのも早い為、継続していく事が苦手です。付き合っても別れてしまえばあまり未練も感じません。その為、比較的早い段階で次の恋を見つけられるでしょう。ちなみに、この線は不倫をしている人にも多く見られます。

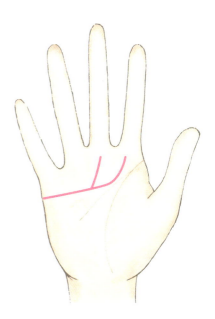

マスカケ線

野心家で向上心が高く、クールで理性派です。この人と決めたら一途に思い続ける情熱的な一面もありますが、自我が強くマイペースな性格なので相手を振り回してしまう事が多いです。良くも悪くも感情表現や言葉がストレートなタイプ。相手の気持ちに寄り添う事が苦手なので、喧嘩やトラブルを起こしやすい傾向があります。

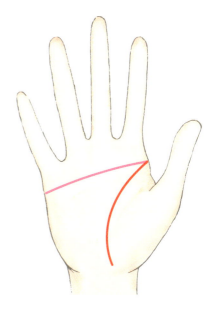

変形マスカケ線

　面倒見が良く、曲がった事が大嫌い。正しいと思った事には、真正面から立ち向かえる強さを持っています。この相の持ち主は、恋愛よりも仕事を優先する傾向があります。何事にも全力で取り組めるので、周囲からの厚い信頼を得て、大きな成果を手にしやすいです。仕事で成功しやすいので、好きな仕事があるなら結婚後もキャリアを積み重ねていきましょう。

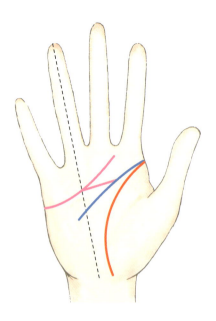

乱れに乱れすぎている感情線

　感受性が鋭く、感情が乱れやすい人です。気持ちの浮き沈みも激しく、恋愛では惚れっぽい傾向があります。その為、好きな人や恋人がコロコロ変わる事も珍しくありません。おすすめは、持ち前の感受性を趣味や芸術方面に生かす事。別の物事に没頭する事で、心が穏やかになり気持ちも落ち着きやすくなります。

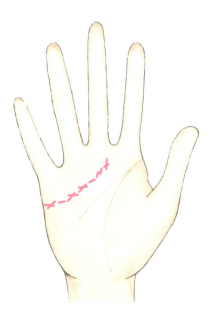

大小の鎖が繋がったような感情線

とても慎重で繊細な人。目に見えない人の心の絶妙な変化を肌で感じ取る事ができるので、周囲からも「気遣い上手」と思われているでしょう。その反面、傷つきやすい一面も。自分の感情を表現する事が苦手でストレスを溜め込みやすい傾向があります。気持ちが疲れた時は決して無理をせず、ストレス解消を心がけてみて。

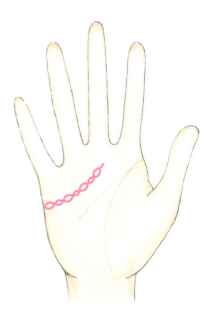

感情線が薄く弱々しい

ガラスのハートの持ち主。外見的にはタフに見えても本当は傷つきやすい人が多いようです。また、この相の持ち主は孤独な人生を歩む人に多く見られます。感情の起伏が少ないので、何を考えているか分からないミステリアスな人という印象を与えます。周囲から理解されにくい面があるので、意識して感情を表に出すと良いでしょう。

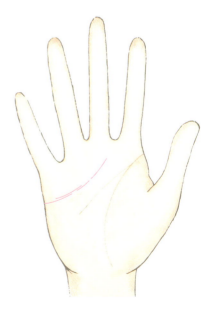

感情線がよく見えない、極端に薄い

愛情が足りていない事を表します。過去に恋人に裏切られた経験から誰も信用できないとか、他人にも愛情を感じられないという人に多く見られる相です。精神が不安定で、一人で悩んでしまう傾向があります。どんどん悪い方向に考えやすいので、辛い時は友達などに話を聞いてもらうなど、人と過ごす時間を増やしていきましょう。

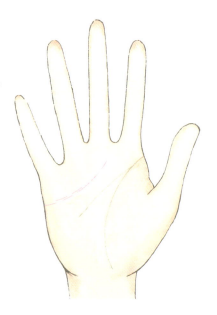

感情線に島がある

感情のコントロールが上手くできず、心が落ち着かない事を表しています。ちょっとした事で落ち込み悩んだり、ストレスが溜まっている状態です。今一番大切な事は、精神を安定させる事です。ストレスとなる事柄が明確ならその状況から少し離れてみましょう。自律神経を整えるような生活も合わせて心がけてみて。

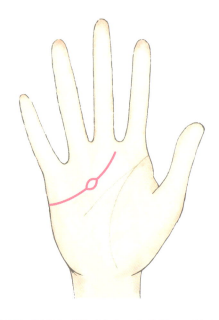

切れ目がある感情線

　愛情面でのトラブルに遭遇しやすいです。感情線が切れる年齢から、次の感情線がスタートするまでの空白期間が愛情面のスランプの期間。自分の性格に起因して、恋愛相手との付き合い方に何か問題が生じる可能性があります。そのような状況に遭遇した時は、あなたが幸せになれる方法を冷静に考えていきましょう。

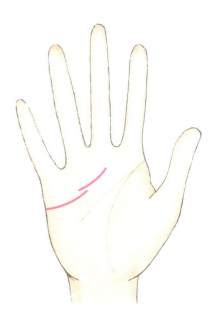

中指の真下で切れた感情線

　自分の力ではどうにもできない理由や事情で別れに繋がる可能性が高いです。線が途中で切れているのは、いつも怒っているわけではなく急に怒り出す人に多く見られる相です。ストレスが溜まりに溜まると爆発してしまい、普段は穏やかでも、怒りが爆発してキレると手に負えなくなります。日常的なストレス解消を心がけて。

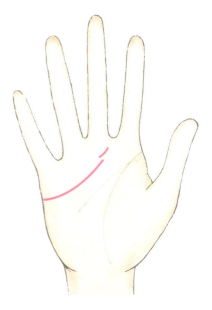

感情線が途切れ途切れ

　神経が細やかでとてもデリケートなタイプです。常に新しい事に興味を持つ好奇心旺盛な一面もありますが、気分にムラがあるので長続きせず、すぐに別の事に興味を抱く飽き性なところもあります。精神面では楽しさと憂鬱な気持ちが常に混在していて、感情のコントロールができず、イライラが募りやすい傾向があります。

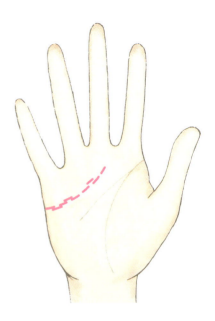

分離感情線

　気分屋で飽きっぽい性格。安定したいと思っていても刺激を求める自分が存在するので、常に変化のある環境に身を置くと良いでしょう。分離感情線をお持ちの方はエゴイストタイプ。美を追求する傾向が強いので、恋人や結婚相手にイケメンを選びやすいです。女性の場合、結婚後も仕事を続け、頭角を現すのが特徴。

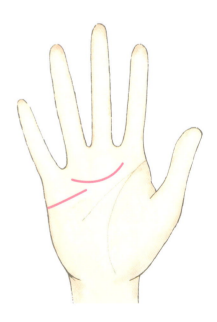

二重感情線

　パートナーを一人に絞れず、何度か結婚を繰り返す人もいます。ただし、精神的な強さを持っている為、どのような逆境に遭遇しても乗り越えていけるタイプ。その反面、恵まれすぎた環境に身を置くと、持ち前の精神力や反骨精神が発揮できず本来の長所を生かせません。逆境の中にいた方が長所を活かす事ができるでしょう。

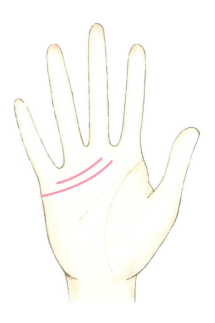

蛇行している感情線

　感情線は心の状態を表す線です。この相は、情緒不安定で心が乱れている様子を表します。心がふらついて迷いのある状態なので、回り道しやすく、恋愛は上手くいかないでしょう。感情にムラがあり情緒不安定で衝動的、その時々で違う顔を見せたり、いいなと思ったら即行動するなど、モラル度外視の恋愛体質です。

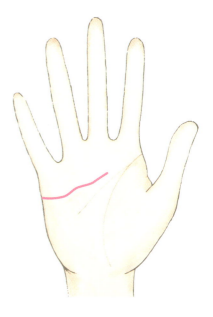

EPILOGUE

■ おわりに

　最後まで「美人占花」を読んでくださり、ありがとうございます！　普段SNSで活動しているので、こうして本を通して皆さんと繋がれた事を本当に嬉しく思っています。

　「占いは明るく、健康的で、おしゃれなカルチャーである」をテーマに2018年からスタートしたライブ配信。皆さんからいただいた「前向きになれました！」「自分の線を大切に思えるようになりました！」「これからも応援してます！」などの、お声を励みに「自分にしかできない事は何だろう」とずっと考えてきました。その答えの一つとして、この本に全てを詰め込みました！　その想いが皆さんにも伝わっていたら嬉しいなと思っています。

　そもそも手相は、古代インドが起源で、「手は第二の脳」ともいわれています。手相を通じて、人の性格や才能が分かるとされていて、恋愛や人間関係における傾向、結婚観なども読み取る事ができます。　占いは、人生を良い方向に変える事ができる素晴らしいアイテムです！　この本でもお伝えしたようにあくまで占いは「頼る」ものではなく「使う」もの。「占いがないと不安」と頼るより「幸せに生きる為にこうすればいいんだ！」と占いを上手く利用しちゃいましょう♡　もし、不安な時はぜひこの本を開いてください！　心が

しんどい時でも「自分の人生を幸せに生きて行こう！」とポジティブになれるはずです！

　すべての女性は、生まれながらにして美人なのですから♡

　私は、皆さんに本当の占いを知ってもらう為にSNSで情報を発信し続けています。「手相占いって楽しい！」そう本を通じて感じていただけたら、これほど嬉しい事はありません！　これまで占いに関心がなかった方々にも占いの魅力を知ってもらったり占いが生活の一部になれたら、幸せのチャンスを手にする人が増えると思っています♡　私自身もなりたい自分になれるよう、これからも更新していくので、一緒にハッピーになりましょう！
　またSNSでもお会いしましょうね♡

　最後に皆さんにお知らせです！
　美人占花の開運画像を全員にプレゼントいたします♡　人生を幸せにしたい方への、特別なギフトです♡　ご希望の方は、右のQRコード（美人占花公式LINE）にご登録のうえ、「占い美人」と送信してください♡

　それでは、手に取っていただいて本当にありがとうございました。アナタに幸せ溢れる未来がたくさん訪れますように♡

蝦名里香

著者紹介

蝦名里香（えびなりか）

ライバー占い師。銀座でホステスをしている時に手相占いと出会う。2018年にライバーデビューし、恋愛占いの配信が「当たる！」と大人気に。公式イベントでは2ヶ月で1位を獲得後、年間1位を獲得。現在はTikTokで「今すぐ幸せになれる手相占い」を配信し2ヶ月間で100万人に視聴される。手相と算命学を学び、鑑定実績から編み出したオリジナル占術「美人占花」での対面鑑定は即完売。占いコンテンツの連載や雑誌の特集、メディアでの露出も多数あり。「恋愛運のカリスマ占い師」として紹介される。

TikTok　　@ebinarika 1
Instagram　@ebinarika

Special thanks
あき／さよ／ひかえめ／みゆ／ゆあ／夢空／TK

「今すぐ」幸せになれる手相占い
美人占花
発行日 2025年4月18日　初版発行

著　者／蝦名里香
発行者／高木利幸
発行所／株式会社 説話社
　　　　〒102-0074
　　　　東京都千代田区九段南1-5-6　りそな九段ビル5F
編集協力／林檎
表紙・扉デザイン／藤崎キョーコ
カメラマン／江口博彦
デザイン・イラスト／遠藤亜矢子

印刷・製本／中央精版印刷株式会社

©Rika Ebina Printed in Japan 2025
ISBN 978-4-910924-22-9　C2011

落丁本・乱丁本などのお問い合せは弊社販売部へメールでお願いします。
E-Mail：hanbaibu_s@setsuwa.co.jp
購入者以外の第三者による本書のいかなる電子複製も一切認められていません。